若手育成の教科書

サイバーエージェント式 人が育つ「抜擢メソッド」

サイバーエージェント 常務執行役員CHO
曽山哲人

ダイヤモンド社

はじめに

どの企業も悩む「若手が育たない」問題

マネジャー人材がいない、リーダー候補が不足している。

いざマネジャーに昇格させても、なかなか思うように育たない。

以前よりも若手がより受け身になっている。

それどころか、そもそも自社に優秀な若手がいない。

さまざまな企業の人事担当者やマネジャーから、このような声を聞くことがあります。


「若手の意識が低く、マネジャー候補がなかなか出てこない」

「新卒社員がやっと一人前になったと思ったら辞めてしまった」

「20代社員とどう接していいかわからない。彼らのやる気が見えない」

一言でいえば**「若手育成」に関する悩み**です。

一方、さまざまな企業の若手社員からも、多くの悩み相談を受けます。

「もっと成長したいけれど、その機会が今の会社にはない」

「新入社員の頃は研修も多く学ぶことが多かったが、入社2年目の今、リモートワークで『放置』されている。自分のキャリアが描けないでいる」

企業も若手も、本当は成長して成果を上げたいと思っています。

どちらも会社にとってプラスになることを考えているのに、どこかでボタンの掛け違いのようなことが起こっていて、有効な解決策が打てていないようなのです。

そこで、こうした**「若手育成」に関する悩みを解決するための具体的なやり方について一冊にまとめたい**と思いました。

若手育成において一番大切なことは何か

私はサイバーエージェントの人事部門のトップとして16年の間、インターンシップの選考も入れれば、のべ6500人の若手と接してきました。

さまざまな若手社員を見てきましたが、共通して言えるのは、みんな成長意欲があるということです。

「うちの若手はやる気がなくて……」と言う企業の人事担当者にも、「内定者や新入社員はどうですか？」と聞くと、一様に「たしかに意欲は高いです」と答えます。

最初は全員、やる気があって意欲もある。それが続かないことが問題なのです。

若手社員は全員、成長意欲がある。

この前提を押さえた上で、どうすれば若手が育つのか考えてみましょう。

「成長したいんです！」

この言葉の裏にある、若手社員が本当に求めているものは何でしょうか？

成長して高い報酬を得たいのでしょうか、昇進したいのでしょうか。

それも一つだと思いますが、あくまで**副次的なもの**です。

若手が成長したいと思う理由は、自信を手にしたいからです。

つまり**若手育成で最も大切なことは、自信を持たせること**なのです。

「若い人は経験が足りないから、大きな仕事は任せられない」と言う上司がいますが、それは大きな誤解です。本人に自信があれば、「やったことがないけれど挑戦したいです!」と堂々と上司に申し出るはずですから。

「今どきの若手は受け身だ」

これも本当によく耳にする言葉ですが、責任感が強くまじめな若手ほど「失敗して上司やチームに迷惑をかけたらどうしよう」と慎重になり、「できます!」と即答できません。自信がないから言い出せないのです。

例えば上司から「この新しいゲーム、急ぎで誰か一面クリアしてくれないかな?」と言われたら、ゲーム好きな若手は、そのゲームをやったことがなくても「やってみます」とすぐに手をあげるでしょう。「このスマートフォンの設定、わかるかな?」と聞けば、「これですね」と躊躇《ちゅうちょ》せずに上司のスマホを操作するはずです。

上司よりも確実にできそうだという自信があるから、迷わず行動できるのです。

今、若手に必要なものは、やる気でも経験でもなく、**自信**なのです。

つまり、若手の「成長したいんです」という言葉は「自信がほしいんです」というメッセージなのです。

若手の言う「自信」とは、さまざまな言葉で言い換えられます。

・**どんな組織やチーム、どんな人たちともやっていけるという「自信」**
・**たとえ会社がなくなったとしても、自分で稼げるという「自信」**
・**自分にしかできない仕事で、誰かのためになっているという「自信」**
・**家族との時間を最優先しても、仕事はしっかりできているという「自信」**

「具体的にどういう自信か」については人それぞれです。価値観が多様化する今、唯一言えることは、**「自分という人間に自信を持ちたい」**ということです。

今の若い人は「どんなスキルが身につくか」と焦っています。だったら、新しいデジタルスキルを身につけさせれば解決するのでしょうか。それも否定しませんが、中長期的に見てどうでしょうか。スキルはやがて陳腐化します。

市場価値を高くし続けるために大切なのは、**変化に対応できる人材**になることです。不確実性の時代だからこそ求められる資質です。自信さえあれば、やったことのない仕事にも果敢にチャレンジできます。やはり必要なのは自信、それも**根拠のある自信**です。**根拠のある**

自信とは、成長した先に手にするものと言い換えられます。

話は変わりますが、「20代が成長できる企業ランキング2020」で、サイバーエージェントは4位に選ばれました（ダイヤモンド・オンライン記事より）。同サイトの記事、社員による会社評価「働きがいのある企業2014」では、IT業界「20代の成長環境ランキング」で1位に選ばれたこともあります。

これらは就活・転職情報サイトや、社員のクチコミサイトでおこなわれた調査によるもので、「サイバーエージェントは若手が活躍しやすい会社」だと評価を受けています。

後述しますが、**サイバーエージェントには「若手が育つ」しくみがあり、**積極的に若手を抜擢しています。給料や待遇だけでなく、自己成長できるかどうかで志望先を決める学生も増えているため、このような評価を受けるようになったのです。

私は「**若手が自ら自信を手にすること**」が若手育成のゴールだと考えます。

いきなり結論めいたことを書きますが、**若手育成で一番大切なのは「『成長実感』という根拠のある自信をつけさせること」**です。

そもそも自信とは、誰かが与えて実感できるものではありません。自分で考え行動して得

た経験を通してのみ、人は成長を実感します。自信は自分で手にするしかないのです。

では企業は何もできないのかというと、そんなことはありません。

企業でできる唯一の手助けは、**「若手が自分で成長できる『自走環境』を整えること」**です。

これに尽きるのです。


若手が自ら急成長できるしくみを会社が提供する。

この「急成長できるしくみ」が、本書で紹介する「自走サイクル」です。

「育てる」のではなく「育つ」しくみをつくる

この本で紹介するのは、**「若手が育つ」しくみ**です。

会社や上司が人を「育てる」のではなく、本人が自発的に「育つ」。

ここが重要です。

これからの若手育成は、成長環境をいかに会社や上司が整えられるかが大きなテーマになります。

働き方の選択肢も増えた今、**社員一人ひとりの自由度が高まっています。**

こういう時代において**必要とされるマネジメント**は、部下を細かくあれこれ管理するマイクロマネジメントではありません。リモートワークが増え、個々の働き方や組織への貢献の仕方も多様化している中でマネジャーに求められているのは、必要に応じて**適切なタイミングで支援（サポート）をおこなう**ことです。なぜならば、**これさえできれば若手は自ら育つからです。**

つまり、**若手が自走する環境づくり**が、これからの若手育成のカギであり、マネジャーに求められる仕事でもあります。

いきなり結論を書いてしまいますが、社員が自らの判断で積極的に仕事を進める、**「自分」で「走っていける」環境（自走環境）をつくる。自走環境こそが「若手が育つ」しくみ**であり、この本の目指すところです。

本書では、「若手が育つ」しくみ、「若手が育つ」フレームワークをお伝えし、若手はもちろんのこと、年齢や経験に関係なく、誰もが**加速度的に「（勝手に）育つ」方法**をシェアします。

なぜ３００人もの20代未経験マネジャーが育っているのか

人事担当者の集まる会などでよく聞かれることがあります。

「御社の若手が優秀なのはなぜですか？」

「20代の若手マネジャーをどのように育成しているのですか？」

「なぜ３００人ものマネジャー経験者がいるのですか？」


現在、サイバーエージェントの社員は、新卒採用と中途採用で入社する割合は半々くらいで、そのほとんどが20代。そのため、若手社員が多い会社と言われます。

例えば、ヘッドハンティングの会社から子会社社長をピンポイントで採用する、といったことはありません。マネジャーになる人間は、ほぼ１００％生え抜き社員です。


しかも、**年齢やマネジャー経験は問いません。**

入社2年目で子会社社長、20代で本社の取締役、内定者にいきなり子会社を任せる大抜擢をおこなった例もあります。

この「抜擢」こそが、若手が急成長する理由である、と言っても過言ではありません。

「抜擢」するから若手が育つ。

こう言い換えてもいいでしょう。

実際、「サイバーエージェントは、若手の抜擢人事を積極的におこなっている」といった形で、メディアで取り上げていただくこともあります。

しかし、「抜擢人事」という言葉だけ聞いてしまうと、次のような懸念を覚える方もいるのではないでしょうか。

「そもそも優秀な若手がたくさん入社するから、若手の登用が可能なのだろう」
「サイバーエージェントだから、抜擢人事ができるのだろう」

この言葉の裏には「自社では無理」というニュアンスが隠されています。

たしかに、サイバーエージェントでは抜擢人事をおこなっていますが、それは能力が高くてリーダーシップのある若手人材が豊富だからできるのではありません。

ほとんどの企業は教育が先だと考え、教育という名のもとに研修をしますが、その後に抜擢をおこなうことは、ほとんどないでしょう。これは**企業が「育てる」スタンス**です。

それよりも、まず抜擢する。

つまり、**先に「抜擢」があるのです**。いわば**若手が自力で「育つ」スタンス**です。

もちろん「育てる」スタンスでも人は育つと思いますが、教育が先だと時間がかかりますし、どうしても本人たちは受け身になりがちです。

一方の「育つ」スタンスの場合、**抜擢→自走**の順番で**「人が育つ」**という考えなので、より速いスピードでより多くの人材育成が実現します。

ここが大きな違いです。

本書で紹介する「若手が勝手に育つしくみ」は、

・**普通の若手が優秀なリーダーに成長するためのしくみ（フレーム）**

です。それゆえ、はじめから優秀である必要はないのです。しかも、

・**誰もが成長するしくみ**です。そこには年齢も経験も能力も関係ありません。

「若手が勝手に育つしくみ」があるから、サイバーエージェントでは未経験の学生でも、マネジャー登用ができるというわけです。

　このフレームは驚くほどシンプルなものですので、皆さんの会社やチームでも、再現性があります。昇進や異動なども不要、**日常業務の中でも「若手が勝手に育つしくみ」は活用できる**からです。

　さっそく、これまであまり語ることのなかった、サイバーエージェントで実践している、**「若手が勝手に育つしくみ」の全体像**について説明したいと思います。

「育てる」スタンスではなく「育つ」スタンスをとる

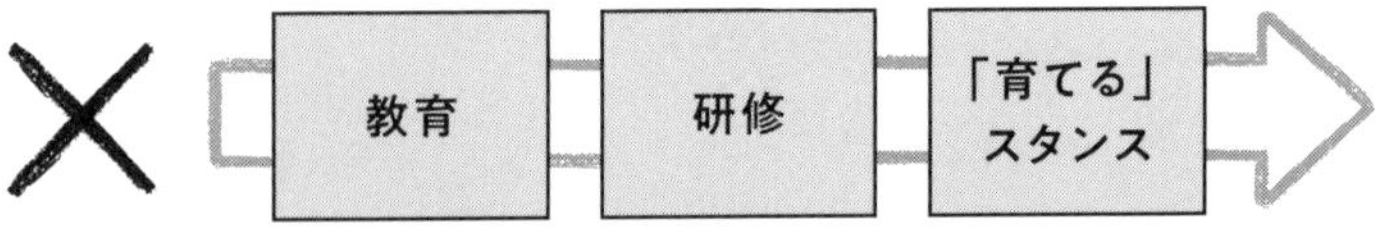

時間がかかる上に、受け身がゆえに育たないケースも

抜擢が先

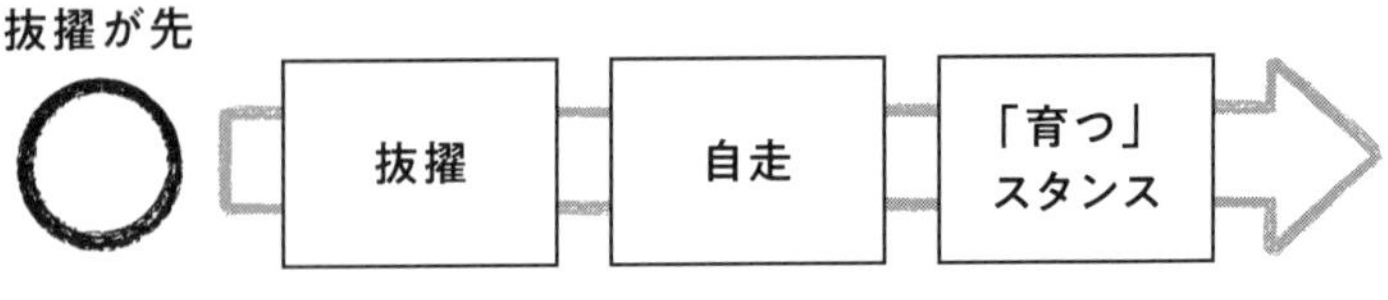

速いスピードでたくさんの人が自ら勝手に成長する！

マネジャー、リーダー、メンター、トレーナー、OJT担当者へ

「環境が人を育てる」

これは、サイバーエージェントの社長の藤田晋《すすむ》の言葉です。

「誰かをマネジャーに抜擢すると、その人はマネジャーの仕事を一生懸命やるようになり、結果として人が育つ。だから（経営は）『人が育つ環境』をつくらなきゃダメだ」

藤田はこのように話しては、**「人が育つ環境をつくろう」**といつも私に話しています。

創業して約20年の東証一部上場企業であるサイバーエージェントには、グループ従業員が6000人以上います。グループ会社は120社近くあり、300人以上の子会社などのマネジメント経験者がいます。その中には、入社8年目、29歳で全社のトップ8人になった人間もいますし、内定者でいきなり子会社社長となった人間もいます。

当然ですが、**私一人で300人もの人間を育てることなどできません。**

しかし、**300人が「自ら育つ」ための環境を整えることはできます。**

なぜ私が人事のトップとして、さまざまな失敗と成功を繰り返しながら、メンバーの「自走環境」を整えることにこだわり続けているのか。それは、**社員の自走環境を整えることが、「人事」の仕事の根幹をなすもの**だと考えているからです。

人事という仕事は、社員が動いてくれないと意味がありません。

例えば新しい有給休暇制度を設計し、導入したとしても、それだけでは仕事をしたことになりません。新しい制度を社員一人ひとりが自発的に利用することで、組織の活性化や生産性向上を実現し、それが全社の成果につながってはじめて、仕事をしたと言えます。

そのため、社員にどうやったら動いてもらえるかを常に考えています。

社員一人ひとりが、**強制ではなく前向きに主体的に動いてくれることが、ものすごく大事になってくる**のです。この発想が、「自走環境」を整えることにつながっています。

例えば、「人事制度は、説明できないものはやるな」と言われています。

そこで人事が陥りがちな罠として、「説明責任」を果たそうと、膨大なマニュアルをつくってしまうこと。これでは細かすぎて、現場では運用できません。

説明できるからといって、細かすぎるものはダメなのです。

だから、できる限りシンプルな「フレーム」だけつくって、**その枠組みだけ守ってくれたら、あとはどうぞ自由にやってくださいという形で人事制度をつくる。つまり、「現場にとって使いやすいかどうか」が、人事制度では重要なポイント**です。

人事のトップとして、どうやって社員一人ひとりが自発的に動くかを考え抜いてきました。そんな私だからこそ、**どうやって社員一人ひとりが自分で育つか**、という発想で人材育成も考えていたと言えるのかもしれません。

多くの会社、そしてビジネスパーソンの皆さんが抱えている「若手を育てる」という問題を一緒になって考え、一つのヒントが出せればと思い、執筆に至りました。

・人材育成について悩みの尽きないマネジャーやリーダー

はもちろんですが、

・はじめて「育成」に関わるメンターやトレーナー、OJT担当者たち

にも活用していただけるよう、現場で今すぐ使える「フレームワーク」としてまとめました。

私がこれまで300人以上のマネジャー「抜擢」に携わり、彼らとともに試行錯誤を繰り

返しながら得たノウハウをすべて公開したいと思います。

コロナ危機を経験し、より柔軟かつ危機にもスピーディーに対応できる組織が求められています。変化に強い、危機に強い組織にするためには、**自らの頭で考え、意思決定できる「自走する若手」**が欠かせません。

これからの時代の「人材育成の教科書」として、本書が皆さんのお役に立てることを願っています。

2021年11月

サイバーエージェント人事統括　曽山哲人

若手育成の教科書　目次

はじめに　どの企業も悩む「若手が育たない」問題

第1部　抜擢前
若手から「やりたいです」と言える空気をつくる

第1章　「言わせて、やらせる。」で人は育つ

第2部

抜擢

「自走スイッチ」を入れると若手は勝手に育つ

第3部 抜擢後

「自走サイクル」が回ると若手は急成長する

第3章 決断──「決断経験」で大きく成長する

第5章　学習──課題を見つけて次の抜擢につなげる

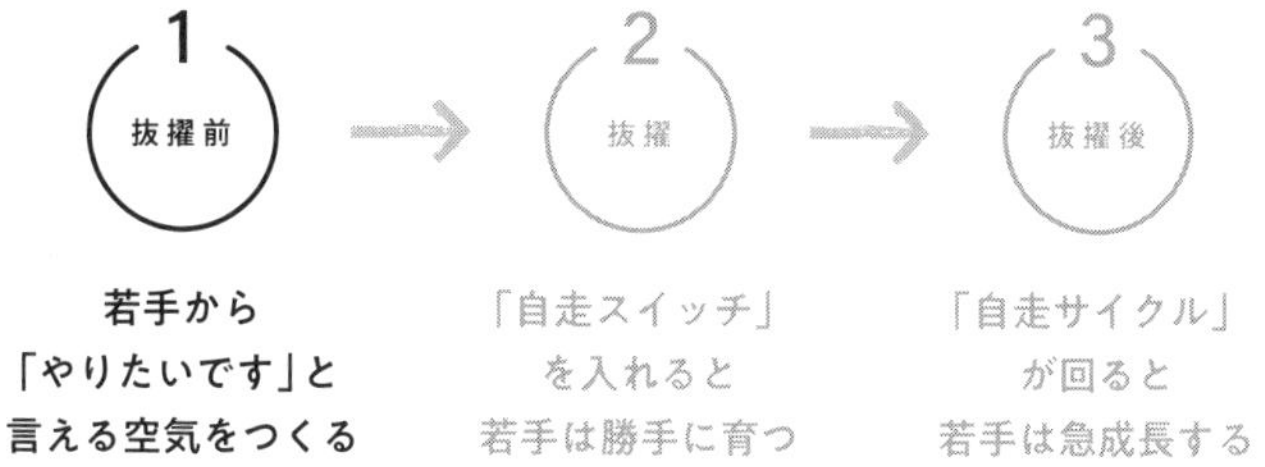
1
抜擢前
若手から「やりたいです」と言える空気をつくる
2
抜擢
「自走スイッチ」を入れると若手は勝手に育つ
3
抜擢後
「自走サイクル」が回ると若手は急成長する

第１章

「言わせて、やらせる。」で人は育つ

若手育成の目的と自ら成長する「自走サイクル」、
若手が育つための「基本ルール」とは

そもそも何のための若手育成か

まずはどうやって人が成長していけるのか、第1章で「若手が自ら育つしくみ」について、全体像を把握していただければと思います。

その前に、**なぜ若手を育てる必要があるのか**について理解しておく必要があります。

そもそもなぜ、若手育成が大切なのでしょうか？

「優秀な人に辞めてもらいたくないから」
「特に若い人は成長を求めているから」
「魅力的な会社であると社員に感じてほしいから」

このように話す人事担当者の方がほとんどです。

もちろん、そういう気持ちもあると思いますが、どれも本質的ではありません。

私は次のように考えています。

成果を上げるために、育成がある。

先ほどの「辞めてもらいたくないから」といった理由では、「育成のための育成」に陥りがち。**「わが社は若手を育てていますよ感」**には要注意です。

あくまで会社の業績や未来の社会的インパクトなど、**成果を上げることから逆算して考えると、人の才能を活かすほうが良い、だから人材育成は不可欠だというロジック**なのです。

もっとシンプルに言い換えれば、育成とは、

人が育つことによって業績が上がるものでなければ、会社にとっても個人にとっても意味がないのです。

どんなに優秀であってもマネジャー一人で大きな成果を上げることはできませんが、マネジャーが**自走環境を整えることで、メンバー一人ひとりが自走すれば、とてつもない成果を上げることは可能**です。

研修などで、資格などのポータブルスキル習得ばかり教えても、人は成長しませんし、資

格を取っただけでは業績も上がりません（業務に直接関わる資格は別です）。

この「成果を上げるものか」という視点は、若手育成を考える際に、多くの人事担当者が抜けがちです。

「若手が喜ぶから育成する」といった考えはいったん捨てましょう。

また、この後説明します「抜擢」も、**「成果を上げるため」と考えれば、やらないという選択肢はないはずです。**

安心していただきたいのは、本書で紹介するのはいたってシンプルな「しくみ」であるということ。**フレームなので再現性があり、すぐに現場で活用できます。**

何のための育成か

- **成果を上げるために、育成がある**
- 「若手に辞めてもらいたくないから」といった理由は、「育成のための育成」に陥りがちなので注意！

本書の考え方	残念な例
【目的】組織の成果を上げるため	【目的】若手が辞めないようにするため
【手段】人が育つ「しくみ」を活用する（自身が成長でき、成果も上がるので、仕事にやりがいを覚える。結果、離職率も下がる）	【手段】若手が喜ぶようなこと（研修など）を設定する（「手段の目的化」に陥りがち）

「うちの会社には無理かな」と現段階では思っている方も、読み進めていくうちに「すぐやってみよう」となるはずです。

さっそく見ていきましょう。

若手が勝手に育つ「自走サイクル」

本書のテーマは「若手が育つ」です。「若手を育てる」ではありません。**一人ひとりが仕事を通じて自ら成長し、成果を上げる**ことが本書のゴールです。

これを**「自走」**と呼びます。一人ひとりが「自走」できる組織は、これからの時代、非常に強い組織と言えるでしょう。

では、若手一人ひとりが「自走」するために、マネジャーやメンター、トレーナーができることは何でしょうか。それは、「はじめに」でお伝えしたとおり、メンバーが自ら育つための**「自走環境」を整える**ことです。

「自走環境」を整えるためには、**人が育つ「しくみ」を用意する**ことです。

本書では、若手が育つしくみを**「自走サイクル」**と呼びます。

「自走サイクル」は、次の４つで構成されています。

1. **抜擢**：期待をかけられることで、「自走スイッチ」がONになる
2. **決断**：覚悟を決める。意思決定によって、自らの「決断経験」を増やしていく
3. **失敗**：成長において欠かせないもの。必要不可欠なプロセスと理解する
4. **学習**：失敗を次の経験に活かすための内省。次のステージのための準備をする

この**４ステップが一つのサイクル**となっています。

そして、このサイクルを回せば回すほど、「経験」が「経験値」として昇華され、本人の中に蓄積され、早く確実に成長していくというわけです。

それぞれの要素については後で説明しますが、ここで押さえておきたいのは、「自走サイクル」という**一連の流れであるということと、このサイクルを回していくことが重要**だということ。このサイクルをいかに速く、かつ、何回も回していけるかで、人の成長スピードは変わっていきます。

また、この流れの特徴として、**１〜３が４につながる**という点です。

「研修などを通じて、4の『学習』機会だけは与えている」という企業の人事担当者の方の話をよく耳にします。たしかにそれも大切なことだと思います。

しかし、サイバーエージェントでは、1の抜擢や3の失敗なども人が育つために不可欠なもので、一連の流れと考えています。

1〜3のハードルを下げることで機会を増やし、その**結果として学習効果が非常に上がる**というイメージです。

「成長には失敗が前提条件だったのですね!」と、先ほどのような企業の人事担当者の方は驚き、納得されます。「自走サイクル」という一連の流れであることを理解すると、「成長には失敗が欠かせない」ものだと腹に落ちたそうです。

ほとんどの企業は…

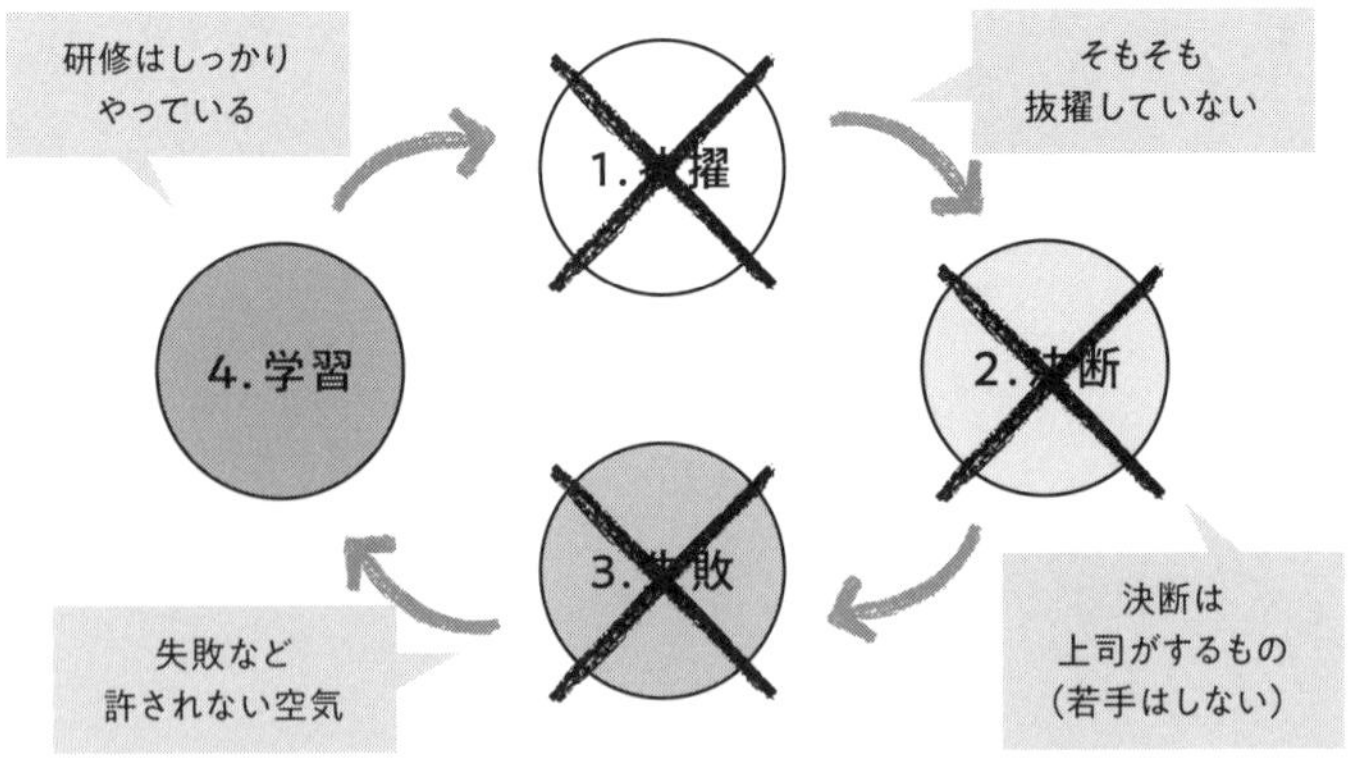

多くの企業は若手社員が「自走」しにくい状態にある!

「はじめに」で『抜擢』こそが、若手が急成長する理由」とお伝えしましたが、正確に言えば「抜擢」は、「自走サイクル」の最初のステップです。その先にある、「決断」や「失敗」「学習」というプロセスを経ることで、若手は急成長します。

まずは「自走サイクル」の第一歩として、「抜擢」する。そこから自走サイクルを回していき、経験値を上げていくことで、結果的にマネジャーとして成長していき、成果も上がっていく。このようなしくみがあるからこそ、能力や経験を問わず、誰でも安心して、抜擢できるというわけです。

それぞれのステップについては、第2章以後で詳しく説明します。

若手が育つ自走サイクル

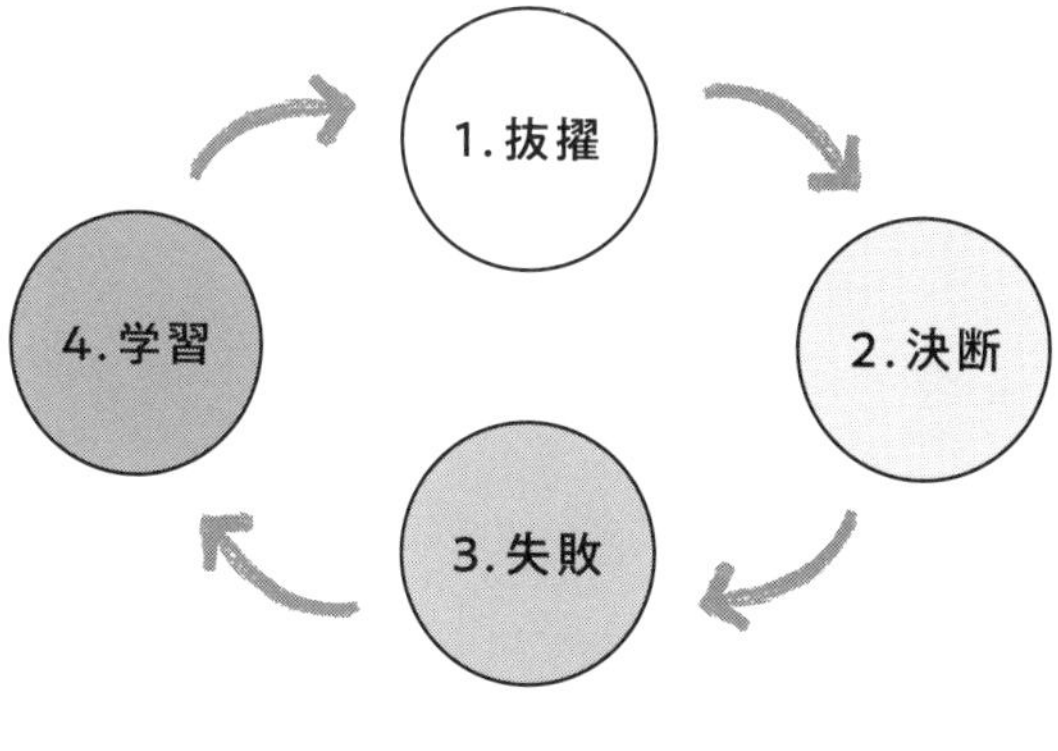

この4つのサイクルを高速回転させることで
若手は急成長する！

基本ルールは「言わせて、やらせる。」

「若手が育つ」しくみには、次の**基本ルール**があります。

それは、

言わせて、やらせる。

です。

「抜擢」とは、この「言わせて、やらせる。」を実践することです。

冒頭で紹介した「自走サイクル」を回せれば、加速度的かつ飛躍的に人は成長しますが、基本ルールである「言わせて、やらせる。」を実践するだけでも、人は育ちます。**特に若手は大きく変化します。**

この基本ルールを、もう少し詳しく説明しましょう。

言わせて、やらせる。

２つのステップで構成されています。


まずは「言わせる」。

メンバーから、

「やりたいです」

「やらせてください」

「やります！」

といった、**意思表明の言葉を引き出します。**


意思表明をさせた後に、今度は上司や先輩、トレーナーが、

「よしわかった、任せるよ」

「ＯＫ、よろしく頼むね」

「ありがとう。よろしくお願いします！」

といった具合で、きちんと言葉で**承認する。**

「言わせて、やらせる。」は、言い換えると

宣言→承認であり、これこそが、**若手が育つ基本ルール**なのです。

重要なのは、上司・部下（リーダー・メンバー）の双方が、それぞれの責任を負うということ。

上司には「あなたにこの仕事（役割）を任せた」という**承認に対する責任**が、

部下には「この仕事（役割）を自らの意思でおこなう」という**宣言に対する責任**が、それぞれに生じるということです。

このステップがないと、さまざまな問題

若手が育つ基本ルール

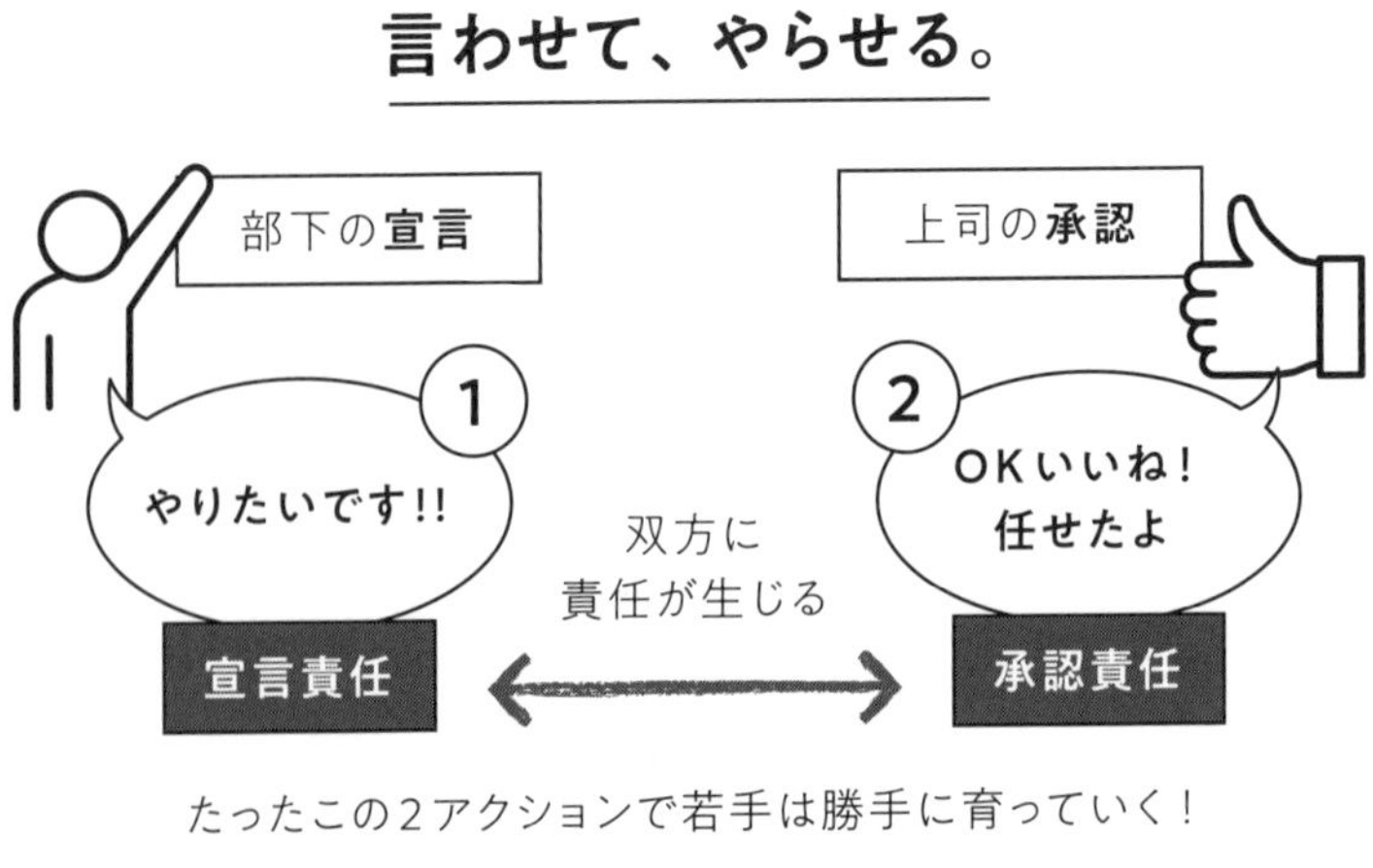

言わせて、やらせる。
部下の宣言
上司の承認
1
やりたいです!!
2
OKいいね！
任せたよ
双方に
責任が生じる
宣言責任
承認責任
たったこの2アクションで若手は勝手に育っていく！

が生じます。

この後お伝えする「抜擢エラー」も、上司もしくは部下、あるいは**双方の責任感不足**によって生じます。

まずはこの基本ルールを頭に入れておきましょう。

なぜマイクロマネジメントではダメなのか

言わせて、やらせる。

「人が育つ」しくみの基本ルールは、これだけです。
本書では、この基本ルールを含め「抜擢」という言葉で表現しています。

「言わせて、やらせる。」で若手は育つ。
そして、**「抜擢」で若手は急成長する。**

これが本書で一番伝えたいことです。

「抜擢」とは何かについては、後ほど詳しく説明します。

まずは**「言わせて、やらせる。」**とは何か、ここで簡単にお伝えします。

例えば、営業部の若手社員のAさんの目標が「1000万円の売上を半期で達成する」だとします。上司はまず、Aさんに質問します。

「(目標達成するために)どういうふうに進めようか?」

「どのお客様に、どういう順番でアプローチしていこうか?」

こんなふうに問いかけるのです。

あくまで上司がやることは、**投げかけ**です。

それに対し「こんなふうに進めようと思っています」と、Aさん本人に考えを言ってもらう。そしてAさんが自ら言ったことを「それいいね!」と上司が承認する。

これが**「言わせて、やらせる。」自走環境**です。

旧来型マイクロマネジメントは、「いつまでにあそことあそこ、○件アプローチしなさい」などと、こと細かに上司が部下に指示をしてしまいます。

具体的に「こうしなさい」と上司が部下に指導する。

残念ながら、これでは人は育ちません。

それどころか、上司からあれこれ言われることで、やる気もどんどん低下し、やがて自分の頭で考えることをやめてしまい、上司に言われるとおりにしか動かない、受け身の人間になってしまいます。**マイクロマネジメントは、細かければ細かいほど、部下は思考停止に陥ってしまいます。**

そして、「面倒だ」「何もしたくない」と縮こまってしまい、パフォーマンスも下がってしまうのです。

一方、「言わせて、やらせる。」であれば、若手は自分の頭で考えて話しますし、主体的に動きます。この**「自分で考えて、自分で動く」という自走環境でサイクルを回していくことで、人はとてつもないスピードで成長します。**

自走環境に慣れてくると、「もっと（自分から）やっていこう」というスタンスを生みやすくなります。

上司はどんどん質問を投げかけ、部下の「言葉」に「いいね！」を増やしていく。

部下は自ら言ったこと、自らやったことで成果が出ると、「自分でやった」という手応えを覚え、自信が出てきます。そうなると、さらに自走していく。

自走環境で、個人のパフォーマンスが上がるのです。

とはいえ、いきなり部下が自発的に何かをするとは思えない、と疑う読者の方もいるかもしれません。ご安心ください。「言わせて、やらせる。」の促し方、具体的なやり方については、この後で詳しく説明します。

上司の「指示・指導」で部下が思考停止に

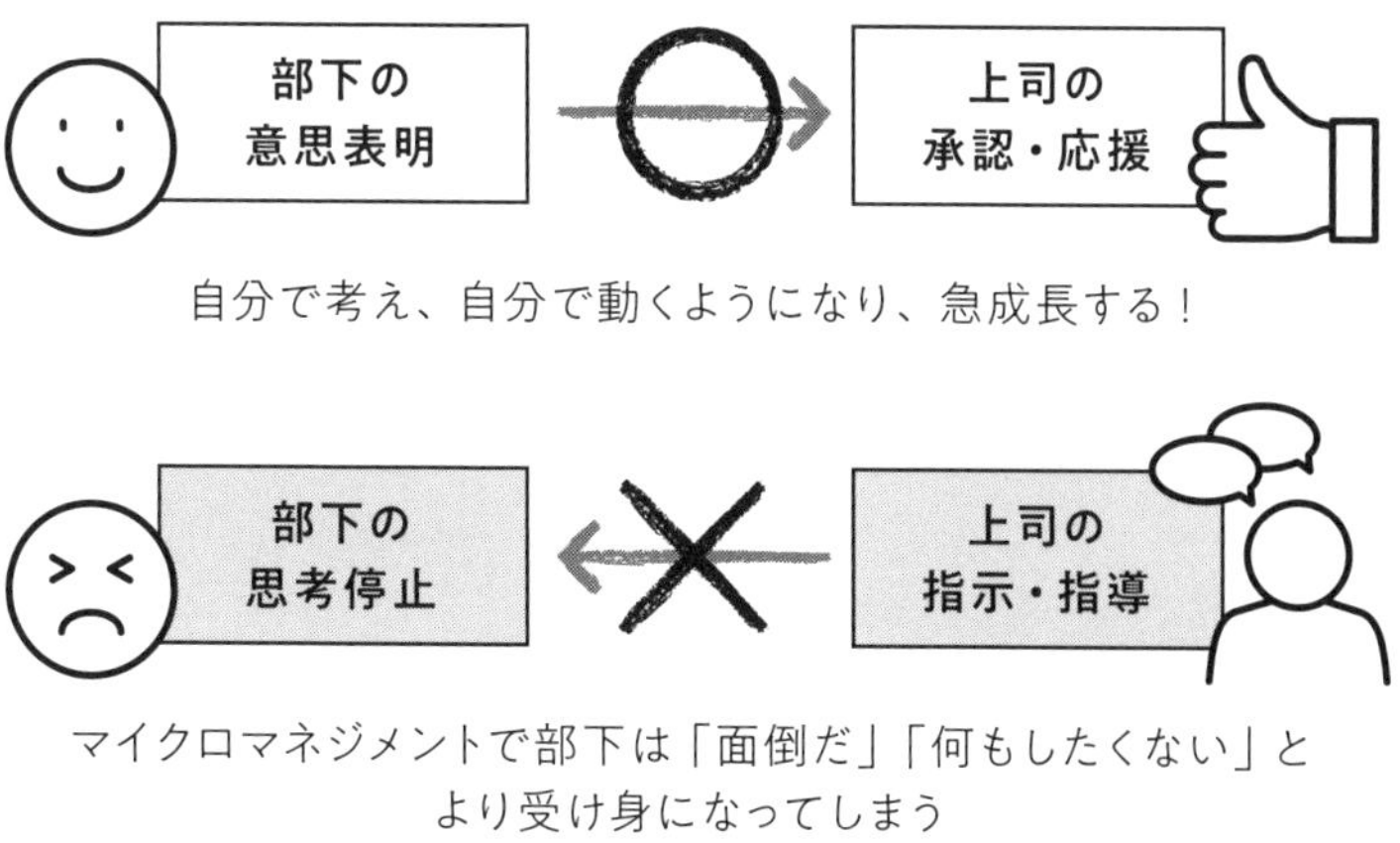
部下の
意思表明
上司の
承認・応援
自分で考え、自分で動くようになり、急成長する！
部下の
思考停止
上司の
指示・指導
マイクロマネジメントで部下は「面倒だ」「何もしたくない」と
より受け身になってしまう

「育て上手」と「育て下手」を決定的に分ける差

もう一つ、大切なことをお伝えします。

本書では、**若手育成のゴールは「若手が自信を手にすること」**と、「はじめに」でお伝えしました。

「育て上手」とそうでない人を決定的に分ける差は、まさにここです。

若手に「自信を持たせる」ことができるかどうか。

育て下手な人はダメ出しばかりで自信を削っていきます。

「君はこれだけしていればいい」と自分のやり方を押し付ける人も同様。

若手は萎縮してしまいます。これでは自信などつくことはありません。

思いつきや気まぐれで仕事を振るのもNGです。

忙しい職場で起こりがちなのは「そういえば、これやって」「あれもお願い」と矢継ぎ早にあれこれ仕事を若手に振ってしまうこと。「OJTで仕事をやりながら覚えてくれればいい」というのがこのタイプの上司の主張ですが、部下からすれば仕事の全体像が見えず、数をこなしても仕事を理解したという実感がわきません。そのため、「この仕事は責任を持って自分がやれる」という自信が持てず、いつまでも不安なままです。

では懇切丁寧に事細かにやり方を教えてくれたらどうでしょう。

実はこれが**最も多い「育て下手」**。**若手に教えすぎてしまう上司**です。

何もかも手取り足取り、手順も完璧に指導する。一見パーフェクトに見えますが、これでは若手は成長しません。何もかも教わることで、思考停止になってしまうからです。教えられた業務は完璧にできたとしても、それで若手は自信がついたかというと、むしろ逆に自信を失ってしまうことさえあります。これはとても危険です。

「自分は未熟でダメだから、教わらないとできない」

「○○さんがいなければ、私はまだまだ何もできない」

教えすぎ上司の下で、このような劣等感を覚える若手は少なくありません。

これではいつまでたっても自信は芽生えませんし、若手は成長しません。

では、**ほめるだけ**ではどうでしょう。

これも、残念ながら自信を持たせられるとは言い切れません。

たしかに、最初はほめることだけでも効果的です。しかし、ほめるだけでは限界があります。

ただ単に「**仕事ができるようになったこと**」と、「**自分の成長を実感して自信を持つこと**」は別だからです。

逆に言えば、自信を持って仕事ができるようになれば、ほめられることにさほど関心がなくなり、自発的に仕事に取り組むようになります。

「育て上手」とそうでない人を決定的に分ける差

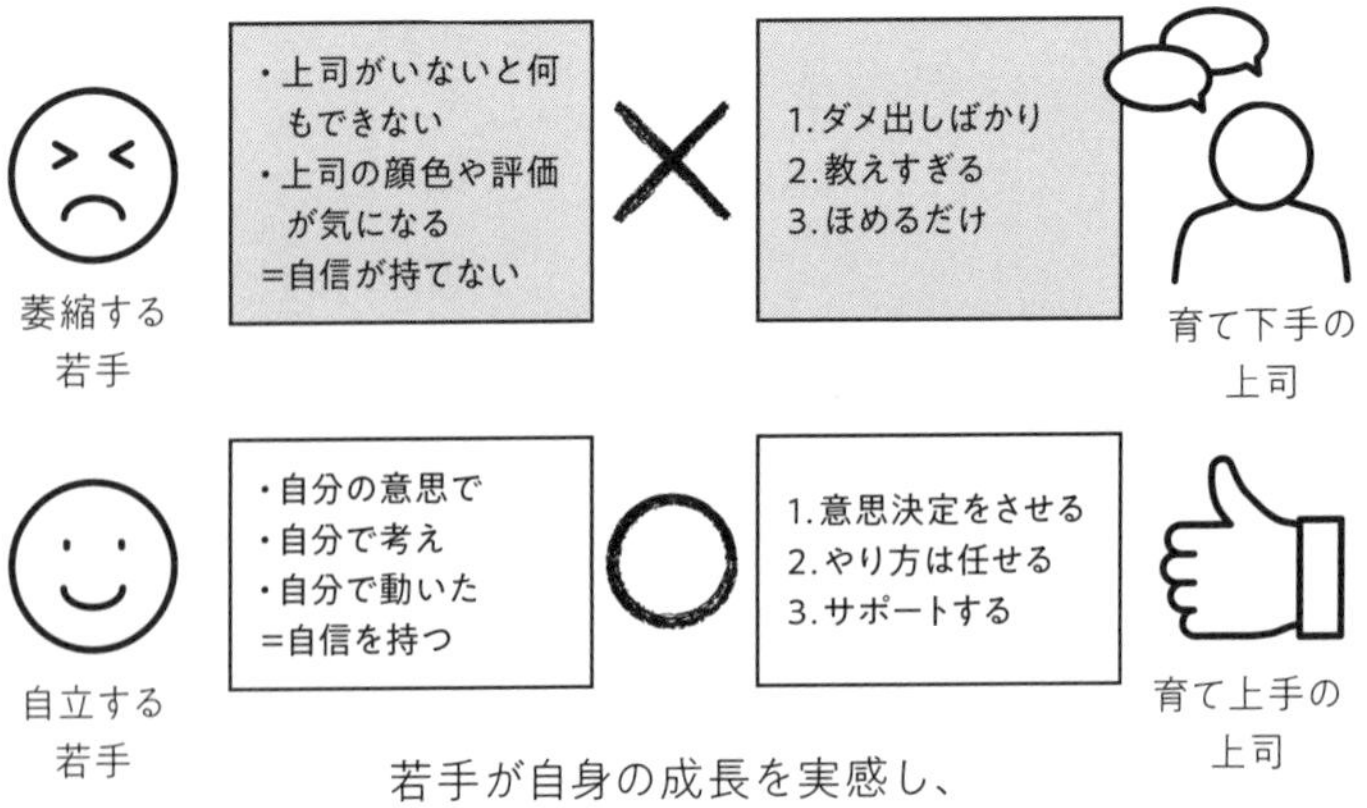

・上司がいないと何もできない
・上司の顔色や評価が気になる
=自信が持てない
萎縮する若手
1.ダメ出しばかり
2.教えすぎる
3.ほめるだけ
育て下手の上司
・自分の意思で
・自分で考え
・自分で動いた
=自信を持つ
自立する若手
1.意思決定をさせる
2.やり方は任せる
3.サポートする
育て上手の上司

若手が自身の成長を実感し、
自信が持てるようサポートできるのが「育て上手」

育て上手な上司は、若手に自ら考えさせたり経験させたりして、何かあったときだけサポートします。

そうすることで若手の自立を促し、結果として若手は自信を持ちます。

よかれと思ってやっていたことが、若手にとって逆効果だったというのは起こりうることですので、しっかりポイントを押さえておきましょう。

若手の成長に「意思表明」が欠かせない理由

「抜擢」は、ともすれば抜擢される側に「やらされた」感を抱かせてしまうことも。そこを払拭するためにも、**プロセスとして「言わせて、やらせる。」ことが大事**です。

もちろん強引に言わせるのはよくありません。「北風と太陽」でいえば太陽のように、部下が自分の意思で自然と言えるようにすることが大切。「上司から言わされた」という認識だと、先にお伝えしたとおり、他責になってしまうからです。

あるグローバル企業に勤める知人は、その会社で働き始めた頃、あることに驚いたと言います。

それは、**十分なスキルがなく、その仕事ができる根拠もないのに、誰もそのようなことはお構いなしに「やりたいです」とバンバン手をあげる**ことです。そしてその会社では、実際

にそういう人たちに、次々とチャンスが回ってくるのだそうです。

海外のビジネスパーソンに対し、「できる人」という印象をお持ちの人もいるかもしれません。自分の意見をはっきりと言い、決断も速く、高いスキルも備えているのではないかと。

しかし隣の芝生は青く見えるように、実際はそうでないことも多々あります。特に発言内容やスキルは、よくよく聞いてみると、日本のビジネスパーソンと比べてもレベルはそれほど高くはない、などということがあります。

でもそれは最初だけの話です。

できる根拠もないのに「やります」と言った人が、「やる」。

そうすると、だんだんとできるようになる。

言ってしまえば、それだけなのです。

本人が自ら抜擢を促し（**セルフ抜擢**と呼んでいます）、**「自走サイクル」を回しているから**です。自分でたくさん決断し、失敗も経験しているので、短期間で爆発的な成長を遂げているのです。

最初の一歩である「意思表明」（宣言）が、いかに大事であるかがわかります。

この話で思い出す人間がいます。

サイバーエージェントの専務の石田裕子が新卒1、2年目ぐらいのときの話です。営業部に所属していた石田の、当時の上司は私でした。

面談で彼女は「一番大きいクライアントを自分にやらせてほしい」と、何度も直談判《じかだんぱん》してきたのです。そこで「まずは分析をできるようにしよう」「お客様のところで一人で営業してみよう」などと、段階を踏んで仕事を任せるようにしました。

結果、マネジャーを任せられるくらいの大きな業績を、いろいろなクライアントに対し上げるようになり、現在はサイバーエージェントのトップ8人の一人として活躍しています。

石田に限らず、サイバーエージェントで**MVPをとる若手に共通するのが活躍前に「意思表明」をしている**という点です。みんな入社してすぐに自分のやりたいことを口にしているのです。

例えば1年目でMVPをとったエンジニアのAさんは、入社してすぐに「マネジメントをやりたい」と先輩に話したところ、先輩から「Aさんの言うマネジメントって具体的にどんなこと?」と聞かれ、答えられませんでした。そこから「自分が本当にやりたいこととは何か？」と具体的に考えるようになったそうです。

そして、ある動画コミュニティプラットフォームの開発チーム責任者に、１年目で抜擢されました。

もともと高いポテンシャルを持つ若手が「これをやりたい」と宣言したことで、宣言とは違う形で抜擢されるというのは、サイバーエージェントではよくあります。「やりたい」と意思表明したからこそ、新しいチャンスに恵まれ、結果として活躍できたのです。

もちろん、優秀な人物であれば、成果を出し続け、やがて昇進することは自然なことでしょう。しかし、**優秀な人こそ、いち**

急成長に欠かせないのは本人の「意思表明」

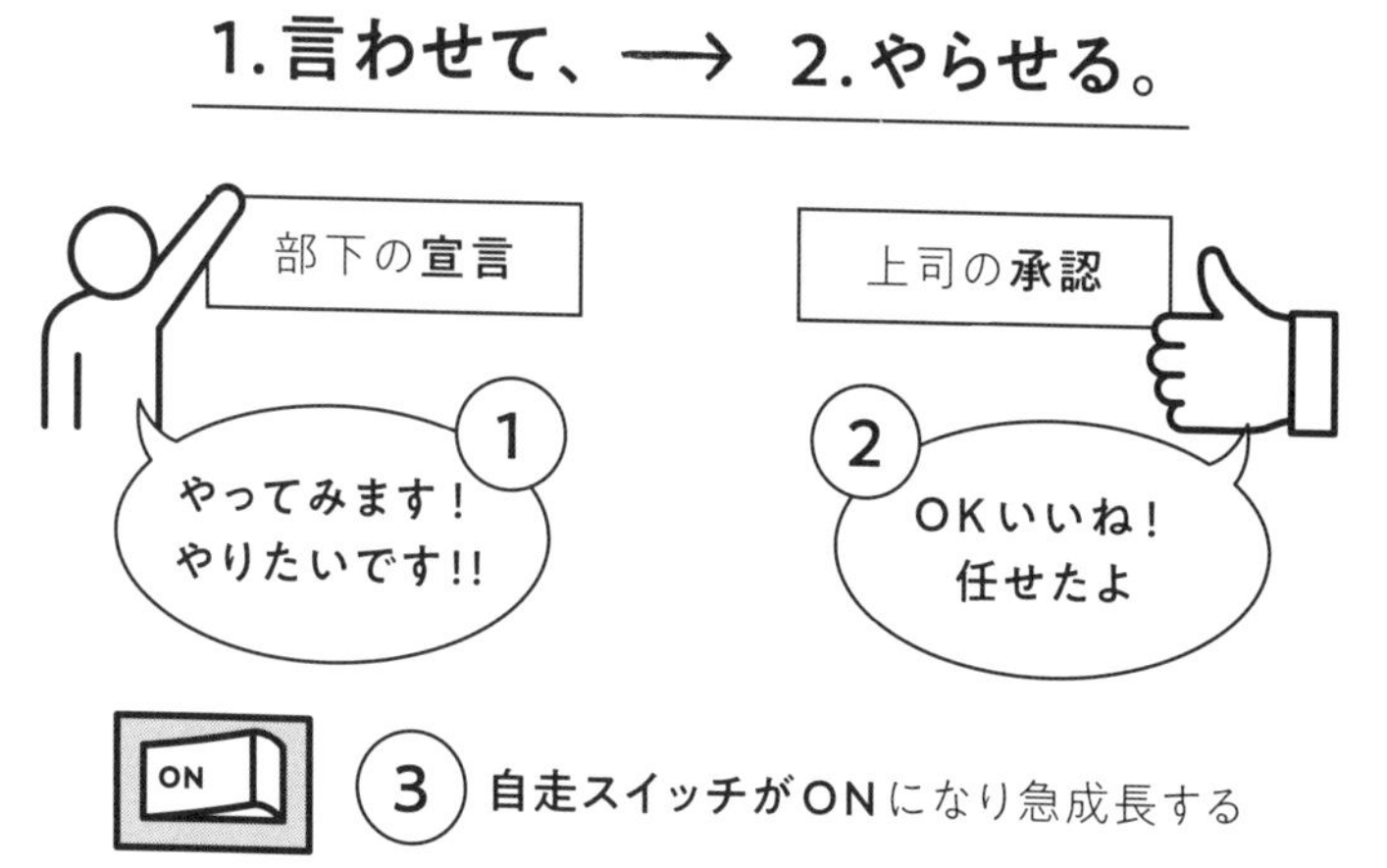
1.言わせて、→ 2.やらせる。
部下の宣言
上司の承認
1
やってみます！
やりたいです!!
2
OKいいね！
任せたよ
ON
3 自走スイッチがONになり急成長する

早く成長し、より大きな成果を上げてほしいと思いませんか。

石田やAさんのように自分から「やらせてほしい」と上司に言い続け、そこから「任せたよ」**「やります」という意思表明（宣言）があったからこそ、**早くに大きな仕事を手がける機会を手にすることができ、結果、**急成長を遂げた**のです。

意思表明の重要性を理解していただけたらうれしいです。

「意思表明」のメリットを伝えるには

育成する側にとっては、「意思表明」がいかに大切かというのは十分理解できるはずです。
しかし、若手にとってはどうでしょうか？　先ほどの石田のように、新卒1、2年目で「やらせてください！」と手をあげられる人はそう多くないのが現実です。

意思表明は勇気のいる行為です。
また、意思表明のデメリット（に思えること）もたくさんあります。
もしも失敗したら、周囲に迷惑がかかる、恥ずかしい、評価も下がりそう……。
そう考えると、意思表明はしないほうが安全だと考えるのも仕方がありません。
まじめで責任感がある人ほど、慎重に判断し、躊躇してしまうのです。
この大前提を押さえた上で、どうすればいいでしょうか。
「意思表明することのメリット」をしっかり伝えることです。

「あなたの成長のため」というのは間違いではありませんが、**自ら「やります」とまだ言えない若手には響かない可能性があります。**今はまだ目の前の仕事をこなすのに精一杯で余裕がなく、成長どころではないという人も同様です。

そういう若手には、私は次のように伝えます。

「意思表明すると、周囲からのサポートが増えるよ」

「こういうことをやりたいです」

と意思表明したときに周囲からの応援が得られるようになる。わからないことやできないことはサポートしてもらえる。周囲の協力を得て仕事を進められるようになる。すでにがんばっている人であれば、**応援が増える。**

これこそが**「意思表明」の最大のメリット**です。

今はまだ自信がないのなら、周りに助けてもらえばいい。そのための意思表明なのだからと伝えれば、手をあげることへの心理的ハードルは下がるでしょう。

意思表明で周囲からの応援が増えるのは、若手に限りません。

サイバーエージェントの関連会社のeStream取締役・竹原康友は「1000万人を感動させるモノづくりをする」ことをビジョンに掲げ、明言しています。

彼のビジョンを記事で知った私はすぐに「応援します！」とメッセージを送りました。

このようなトップやリーダーの「こうしたい！」という意思表明は、メンバーからはもちろんのこと、周囲の人たちやユーザーからの応援も増やします。

逆に、周囲の協力が得られにくい状態をイメージしてください。

明確に意思表明をしなかったことで何が起こると思いますか？

密かに一人でがんばっているものの、誰も見てくれていない。

実は新しいことにチャレンジしているのに、誰もそのことを知らない。

多くの組織で生じているのは、まさしくこの状態です。

リモートワークによるコミュニケーション不全も関係していると思いますが、がんばっている若手が「誰も関心を示してくれない」と感じる場面が増えてしまうと、孤独を覚え、がんばることやチャレンジすることそのものをやがてあきらめてしまいます。

この会社ではもはや自分は認めてもらえないのだと解釈してしまい、転職を考える人も出てくるでしょう。

「うちの会社は優秀な若手から辞めてしまうんです」

こんなふうに悩まれる人事担当者はたくさんいますが、そもそも優秀な若手と呼ばれる人が、今現在、社内で具体的にどんな仕事をしているかご存じでしょうか。

また、優秀な若手が、現場でどのような活躍や成長をし、上司や周囲の人からどのような評価を受けているのか、しっかり把握できているのでしょうか。

「なんとなく優秀だ（と聞いている）」程度

「意思表明」することで応援が得られる

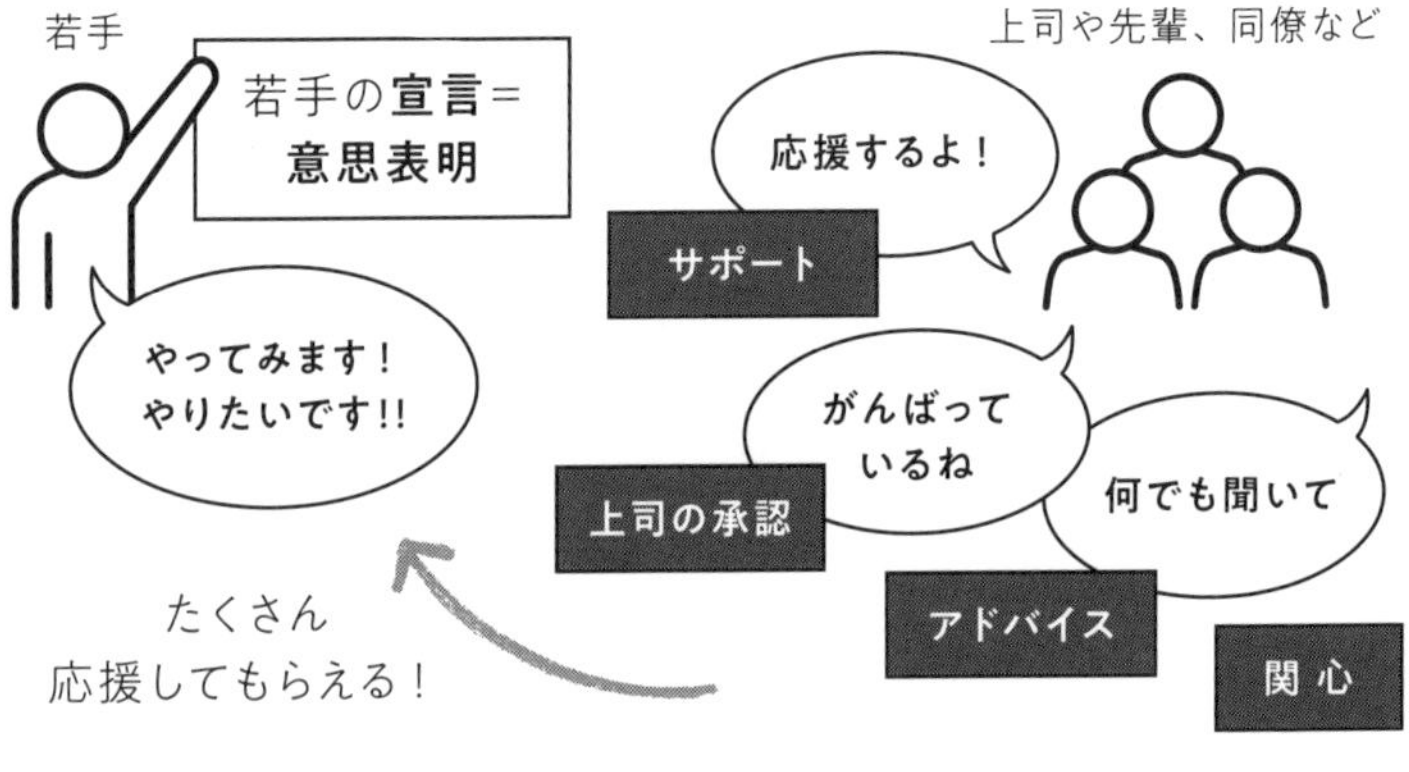

「意思表明」をするメリットを、若手にしっかり伝えよう！

の印象しか持っていないのであれば、危険信号です。

優秀な若手の離脱を生じさせないためにも、上司や先輩、リーダーやメンター、トレーナーの方たちは、**「意思表明」の重要性**について若手にしっかり伝える必要があるのです。

普段から「自分の言葉」で話させる

「『言わせて、やらせる。』たしかにそのとおりなんですが……」

私の話にうなずいていた、ある会社の人事の方が、首をかしげながらこんな質問をしました。

「うちの社員は、みんな受け身なんですよ」

「自分から『やりたいです』と手をあげるなんて、わが社では無理ですね。サイバーエージェントだからできるのでは？」

「若手に主体性を身につけてほしいのですが、どうすればいいのでしょう」

サイバーエージェントにも受け身な人はいます。

会社として「本人の意思を尊重しよう」という風土はありますが、あくまで意思表明するかしないかは個人の自由であり、強制するものではありません。

だから、人事担当者の方の悩みも痛いほどわかります。

では、受け身の社員に**自ら手をあげて「やりたい」と言わせるためには**、どうすればいいのでしょうか。

それは、**普段から「自分の言葉で話させる」**ことです。

逆算して考えてみましょう。

自分で「やりたいです」と手をあげる（主体的に動く）ためには、**自分の意見を言う、自ら発言する**（主体的に話す）習慣が不可欠です。

「こうしたい」「こう考えている」と意見を言う習慣があれば、自然と「私がやりたいです」という発言も出てくるからです。

自分の意見を言うためには、まずは、

自分の言葉で話す（**自分の言葉を持つ**）訓練が必要です。

例えば、「あなたは黙って聞いているだけでいいから」と、上司から言われている会議に参加するとしたら、その議題について真剣に考えるでしょうか。

おそらく聞いているフリはするでしょうけれど、決して意見を求められることはないので、多くの人はその議題について**真剣に「考えること」を放棄**してしまいます。無自覚のうちに……。

そもそも自分の言葉で話す機会がない人がいきなり意見を求められても、「えっと」「あの〜」とすぐに言葉が出てこないでしょう。

そう、「発言する機会」がない、つまり**「自分の言葉で話す機会がない」**というのは、**「自分の頭で考える機会さえない」かもしれない**のです。

これでは若手が成長するはずもありません。

それゆえ、**自分の言葉を持つために、自分の頭で考える習慣をつけるために、自分の言葉で話す機会を、上司が与える必要がある**のです。

これが**受け身脱却の第一歩**です。

あなたの職場では、「受け身だ」と思う社員が、「自分の言葉で話す」機会はあるでしょうか。まずは機会づくりからです。

どうやってその機会を与えれば自分の言葉で話す習慣がつくか、次の節で説明します。

とても**簡単なのに効果絶大**ですので、ぜひ実践してみていただければと思います。

受け身脱却の第一歩は「自分の言葉で話させる」

・部下が自分から手をあげないのには理由がある
・上司の話を一方的に聞いているだけで、そもそも、自分の意見を言う機会がない
・「自分の言葉で話す機会がない」人は、「自分の頭で考える機会もない」かもしれない
・だから部下が「自分の言葉で話す機会」が必要

受け身なのは、部下のせいではない。
環境のせいだと考えること！

「インプット→アウトプット会話」で激変する

受け身社員脱却の第一歩として、自分の頭で考える習慣をつけるために、自分の言葉で話す機会を、上司が意識的につくることをおすすめします。

今まで受け身だった人がいきなり自分の意見を言うのはハードルが高いので、まずは**「自分の口から言葉を発する」ことから始める**のです。

やり方は次のとおりです。

「インプット→アウトプット会話」をおこなうことです。

例をあげましょう。

例えば、私が「Aだよね」と言ったことを、**部下にもう一度言ってもらう。ただこれだけ**

ですが、絶大な効果を発揮します。

「やっぱりAですよね。○○さんはどんなふうに解釈しましたか？」

ほとんどの人は、結論がAだとしても「Aです」とそのままオウム返しに言うことはありません。

自分なりに解釈して、自分の言葉に置き換えて話します。

「そうですね、AというよりBですかね」

「BやCもありかなと思ったんですが、予算と納期のバランスを考えると、Aがベストですよね」

この、**本人に言い返させるという作業には相当なパワーがあります。**

人から聞いた話を、脳みそをフル活用して自分の言葉に言い換えるという「思考」と「編集」をおこなうからです。

この、**自分の脳みそで考え、相手に伝わるよう言葉を編集するという行為**が大事なのです。

上司：「わかった？」

部下：「わかりました」

これでは、部下は上司の話を聞いただけ。
たしかに、インプットはしています。
「相手の話を、敬意をもって聞く」というところまでは、ちゃんとできています。
しかし、**これだけでは成長につながりません。**
頭を使って何も生み出していないからです。

そこで、**上司は部下に、自分の言葉で話させるための質問をする**のです。

上司：「わかった？」
部下：「わかりました」
上司：「よかった。ちなみに、**どんなふうに理解したかな？」**

このように**一回問いかけてあげるだけで、脳みそを使うアウトプット作業**につながります。
これが「**インプット→アウトプット会話**」なのです。

「どういうふうに受け止めている？」

「どういうふうに解釈した？」

「次は何をすればいいと思った？」

「誰かにそれをやってもらうとしたら、どう説明する？」


などと、上司が話したことを自分なりに解釈し、ほかの誰かに伝えることができるか、理解できているのか、自分の言葉で話してもらうのです。

ダメな上司はインプット会話しかしていません。


「これをやれ」

「はい」

中には、

「いいから黙ってやれ」

という上司も……。これでは思考停止状

「インプット→アウトプット会話」をしよう

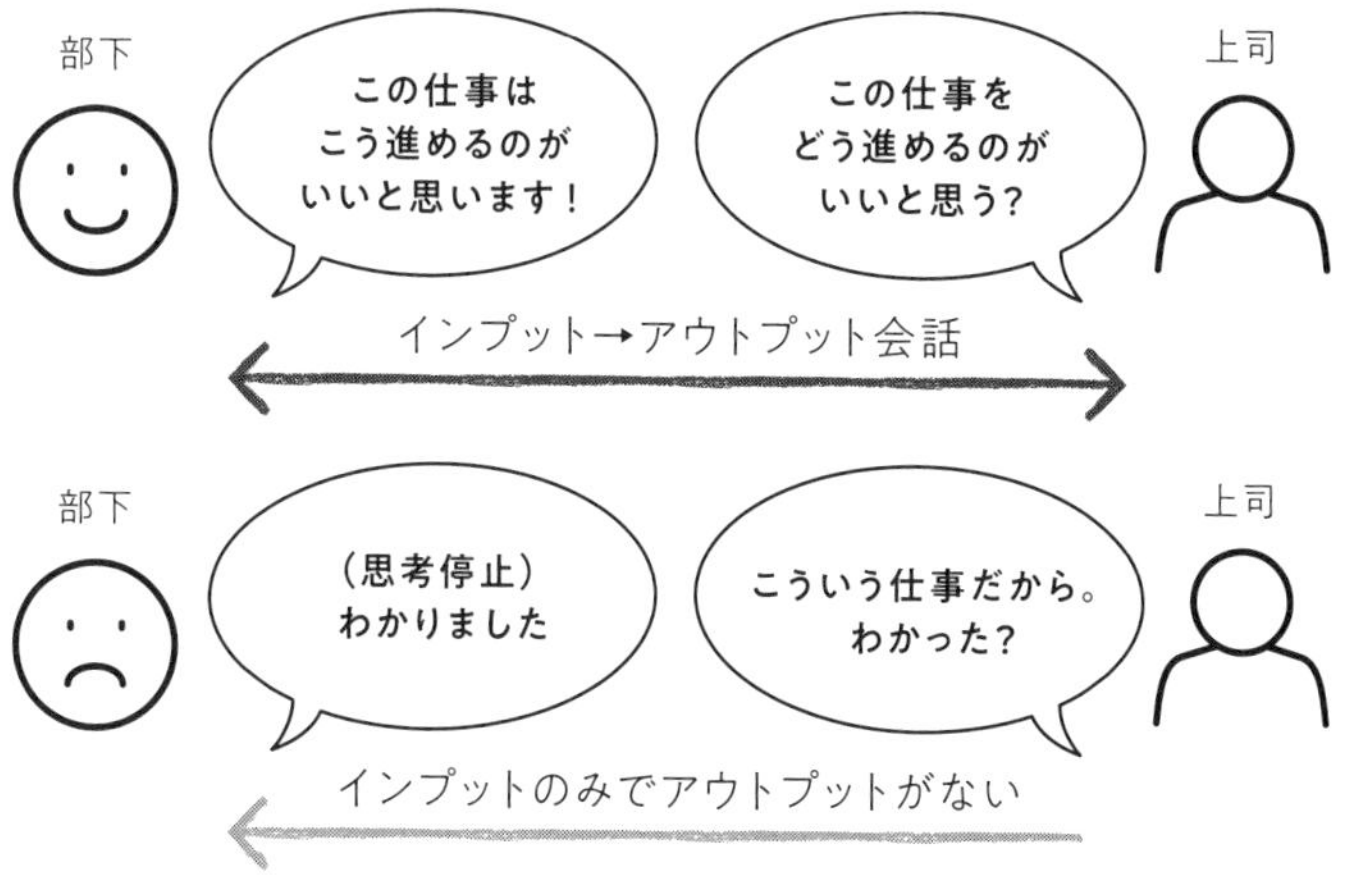
部下
この仕事は
こう進めるのが
いいと思います！
この仕事を
どう進めるのが
いいと思う？
上司
インプット→アウトプット会話
部下
（思考停止）
わかりました
こういう仕事だから。
わかった？
上司
インプットのみでアウトプットがない

態に陥ってしまいます。いつまでたっても、受け身社員は受け身のままでしょう。

ささいなことでも構いません。

その都度、自分の言葉で話させるよう投げかけることを習慣にしてください。

そうすれば、受け身だった人も、自然と自分の意見を言うようになり、そこから、「こういうことをやってみたいです」といった、**意思表明が生まれる**のです。

これが「言わせて、やらせる。」の**「言わせて」の土台**です。

普段から、**「インプット↓アウトプット」**会話ができるよう、**インプット↓アウトプット会話・変換リスト**を用意しました。ぜひ活用してください。

インプット→アウトプット会話・変換リスト

部下が「インプット→アウトプット会話」ができるよう、質問リストをつくりました

インプット説明	アウトプット質問
仕事のやり方を説明する	「どういうふうに受け止めている？」
仕事のやり方を説明する	「どういうふうに解釈した？」
仕事のやり方を説明する	「誰かにそれをやってもらうとしたら、どう説明する？」
仕事の大事なポイントを伝える	「何を意識してやろうと思った？」
仕事の目的を伝える	「この仕事は何のためにやるんだっけ？」
仕事の目的を伝える	「この仕事はどこまでやればゴールだと考えてる？」
優先順位を決める	「次は何をすればいいと思った？」
優先順位を決める	「まずは何から着手しようと思ってる？」
報連相のタイミングを決める	「次の報告はいつをイメージしてる？」
不明・不安な点を確認する	「○○（懸念点）について、どうしようと考えてる？」
不明・不安な点を確認する	「○○（不明点となりそうなところ）について、誰かに説明するとしたら、なんて伝えるとわかりやすいと思う？」
一人で抱え込まないよう注意する	「この部分について、誰のサポートがあるといいと思う？」
スケジュールを確認する	「いつまでにできそうだと思う？　見通しを教えて」
スケジュールを確認する	「今週の予定を教えて」

「主体的に動いて」を解決する2つのアクション

部下や若手メンバーが自分から手をあげるためには、所属する組織に**心理的安全性**(Psychological Safety)があることが不可欠です。

心理的安全性とは、組織に属する一人ひとりが恐怖や不安を感じることなく、安心して発言したり、行動したりすることが可能な状態を指します。

部下には主体的に動いてほしい。

安心して、自分の意見を口にしてほしい。

そのために上司や先輩、リーダー、トレーナーは何をすればいいのでしょうか。

私がアドバイスするのは、**「見てるよ」サインを出す**ことです。

部下の承認欲求を満たす行動をとる、と言い換えてもいいでしょう。

では日常でどうやって「見てるよ」サインを出すのでしょうか。

例えば、社内のチャットツールに誰かがコメントしたら、「いいね！」スタンプを押して反応する。時にはスタンプだけでなく、ねぎらいや感想など一言でもいいので返事をする。部下が日報を書いているのであれば、コメントを添えて返す。

メールであれば「いいね、応援するよ」などと数文字でもいいので反応する。

「見てるよ感」を伝えるというのは、**本人が発信しているものに対して、明確に反応すること**です。

特に効果的なのは、**部下と話すこと**です。

私がおすすめするのは、**「毎日5分の朝ミーティング」**です。

午前10時から5分だけなど決まった時間に、昨日やった仕事や今日やる仕事について話してもらうのです。オンライン会議でもいいでしょう。

それに対し「それはよかったね」「その動きはいいね」などと、ポジティブに反応するのです。大げさにリアクションする必要はありません。

「話を聞きたいから、5分だけ時間がほしい」と、話を聞く機会をこちらからつくる。これだけでも「見てるよ」サインは十分伝わるからです。

「見てるよ」サインを出すと、部下に安心感が生まれます（ただし、やりすぎは「監視」になってしまうので気をつけたいところです）。

安心感が生まれると、1個、2個と、新しいチャレンジをするようになります。

最初は質問に答えることすらできなかった新人が、上司がちゃんと反応し続けていたことで少しずつ自信を持って話せるようになり、たった数週間でいくつものアイデアを出すようになり、翌月には「プロジェクトリーダーをやりたい」と名乗りを上げるまでに成長した。こういった話はよく耳にします。

特に新入社員は、妙な先入観がないため、自分の意見を安心して言えるようになれば、ベテランでは思いつかないような切り口や発想で大胆な提案をすることもあります。心理的安全性を高めるだけで、**飛躍的に成長する人も出てきます**ので、ぜひとも意識的におこなっていただければと思います。

反応するコツは、**ほめて、ほめて、ほめる。**

先ほど「ほめるだけ」ではダメとお伝えしましたが、**コミュニケーションの第一歩としては、何はともあれ、まずは相手をほめることです。**

先ほどの「インプット↓アウトプット会話」の中でも、

「そのアイデアはおもしろいね」

「理解が曖昧なところを、ちゃんと質問してくれたのはいいね」

「すぐにできるし、ユーザーも喜ぶ改善提案だね。素晴らしい！」

こんなふうに、部下が自分の意見を口にしたら、まずほめる。

「ほめ」が先。

毎日5分の朝ミーティングで「見てるよ」サインを出す

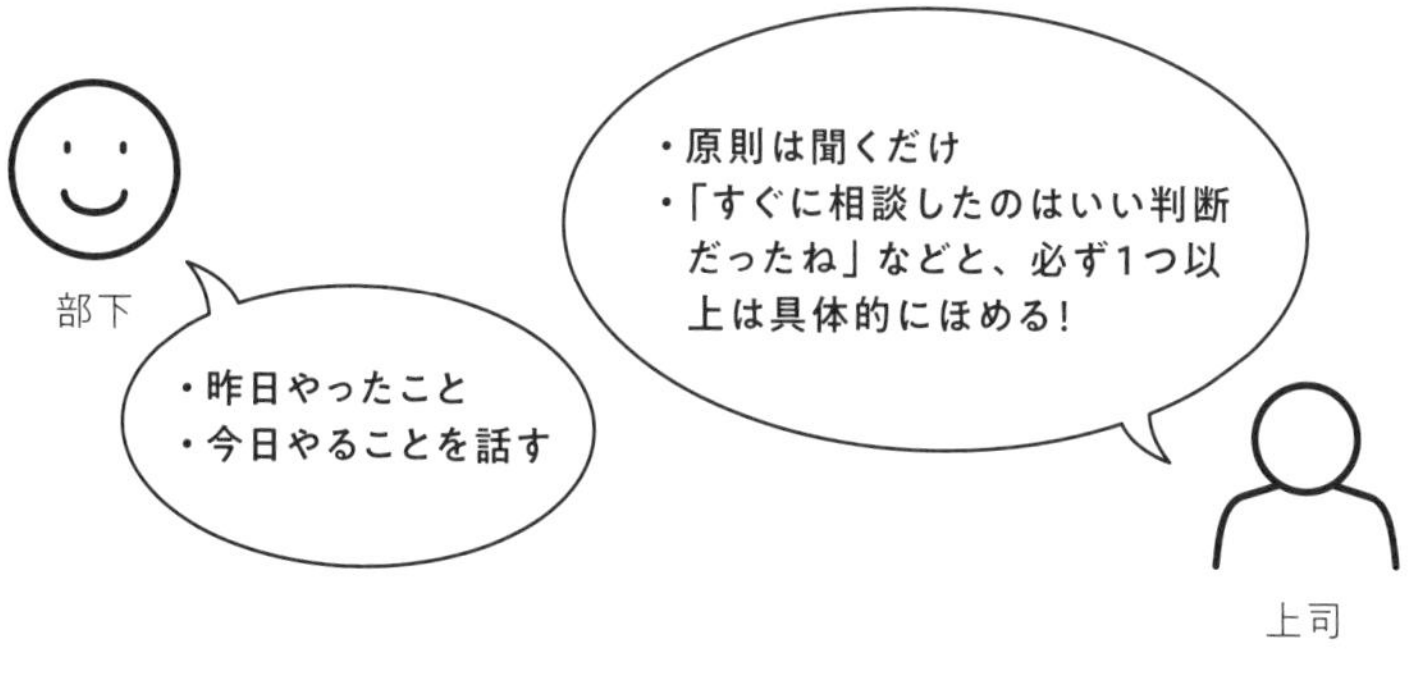
部下
・昨日やったこと
・今日やることを話す
・原則は聞くだけ
・「すぐに相談したのはいい判断だったね」などと、必ず1つ以上は具体的にほめる！
上司

「あなたのことを見てるよ」とサインを出して
若手に安心感を与えるのが朝ミーティングの狙い

とにかくほめる。

ほめて、ほめて、ほめる。

ほめてくれたことで、
「この人は自分のことを認めてくれているのだ」
「この人は自分のことを見てくれているのだ」
ということが伝わり、安心感と信頼感が生まれます。

ほめ方については、第2章でも詳しくお話ししますので、まずは**「見てるよ」サインを出す**ことから実践してみてください。

「自分の言葉で話す」という決断経験

自分の言葉で話させることには、ほかにも素晴らしい効果・効能があります。

まず、**自分の思考や理解、解釈が入った発言は、基本的に忘れません**。しっかり覚えています。これは**ミスの防止**につながります。

例えば、Aという業務を部下にやってもらうときに、その仕事のプロセスを部下に話させます。

上司：「私が説明した今のAの業務だけど、どういう順番でやればいいと思う？」

部下：「そうですね、まずは○○をやって、その次に△△をやって、その時点で一度チェックしていただいたほうが良いですよね。締め切りは明日で大丈夫ですか？」

このような会話ができれば、頼んだ仕事が途中で止まってしまったり、思わぬ方向に進んでしまったり、といったトラブルを未然に防げます。

「これやって」「わかりました」だけでは、上司からの命令ですが、こうすると**部下は「自分の言葉で、自分に指示を出す」**ことになるので、**主体的に動く**ようになります。

加えて、「自分の言葉で話す」という行為そのものが、「こういう手順で私はAの業務をやります」と**意思表明**をしていますので、一つの**「決断経験」をした**と言えます。

そう、先ほどお伝えした**「自走サイクル」**の

1．**抜擢**：期待をかけられることで、「自走スイッチ」がONになる

「自分の言葉で話す」で決断経験ができる

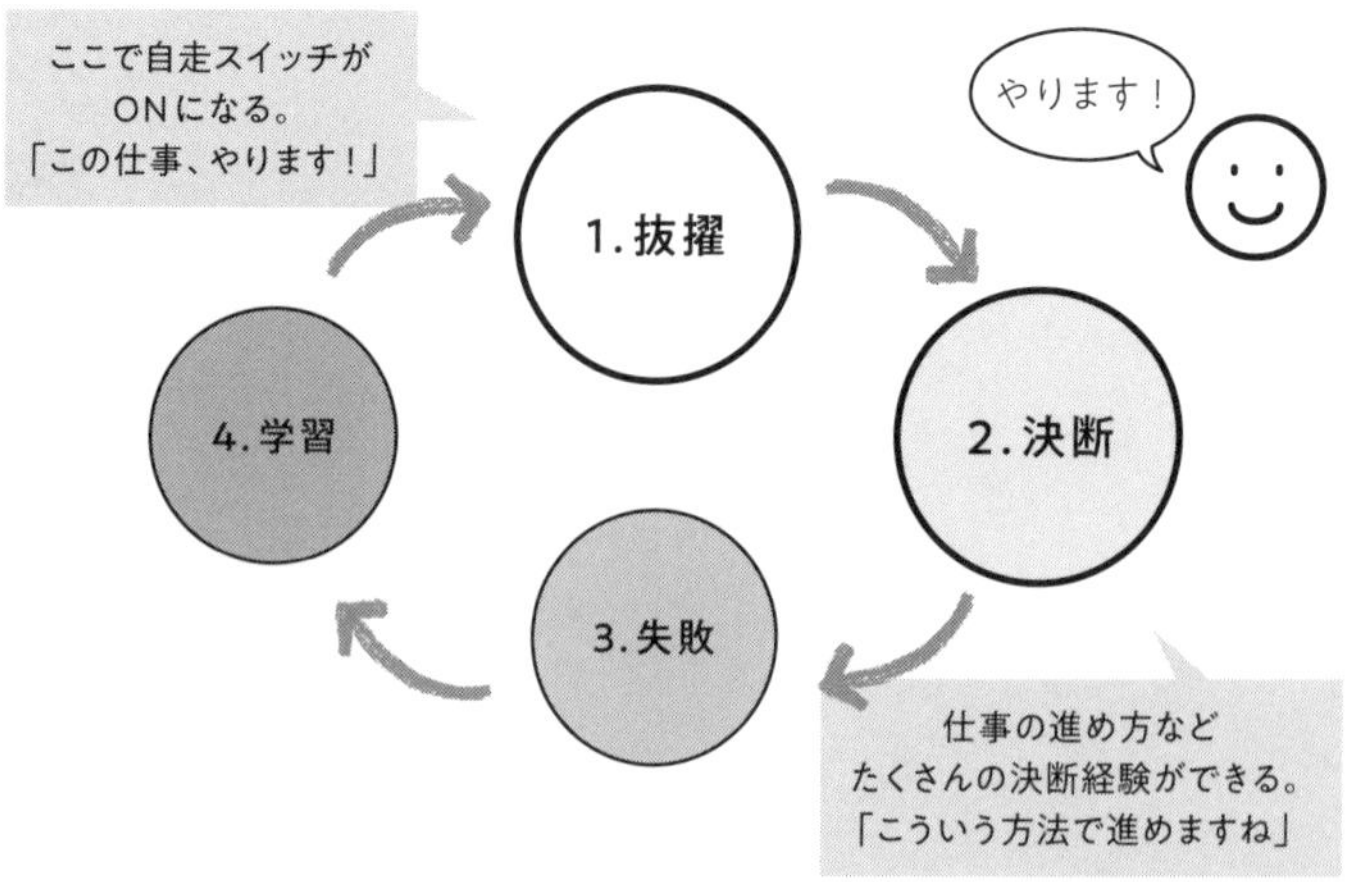

ここで自走スイッチがONになる。「この仕事、やります！」
やります！
1.抜擢
2.決断
3.失敗
4.学習
仕事の進め方などたくさんの決断経験ができる。「こういう方法で進めますね」

2．**決断**：覚悟を決める。意思決定によって、自らの「決断経験」を増やしていくが、**「インプット↓アウトプット」会話で実現**してしまうのです。

（その後の**3．失敗と4．学習も**、会話の中で回していくことはできます）

この後の「自走サイクル」を実践する前に、ちょっとでも手応えを感じたいマネジャー、メンター、トレーナーの皆さん、ぜひともこの**「自分の言葉で話させる」をやってみて**ください。

想像以上の部下の変化に驚くはずです。

「やりたいです」と言える空気づくり

日本の多くの企業は「自分から手をあげる若手がいない」と言います。抜擢で一番大切なのは本人のやる気ですが、会社の風土が変わらない限り、自分から手をあげる人はいないのも現実……。悩ましい問題です。

そこで、まず着手すべきは、自分の手の届く範囲で**「やりたいです」と言える空気をつくることです。**

マンネリ社員になってしまう前に、「やりたいです」と自分から発信させることに意味があります。いったんそのような経験をすれば、次からは「やりたいです」と手をあげることにも抵抗がなくなるでしょう。限られた人材に活躍してもらうためにも、**言わせる工夫**が必要です。

言わせる「空気づくり」として、**日々のコミュニケーションを意識的にポジティブなものにしていく**ことがポイントです。

最も大切なのは、いざ本人が「やりたいです」と申し出たら、「いいね」とその勇気を称賛することです。すると別のメンバーも、「ここでは自分でやりたいと言えばそれが通るんだ」と思えるので、安心して「やりたいです」と言えます。

・いつでも「いいね！」と肯定から入る
・「やりたい」と意思表明したことをほめる
・失敗しても叱責しない
・失敗で得たものは何か聞く（後述）
・失敗した後に成功した人のストーリーを聞かせる
・自分の失敗をオープンに話す
・チームの失敗体験を共有する

「抜擢」が実現するポジティブな流れ

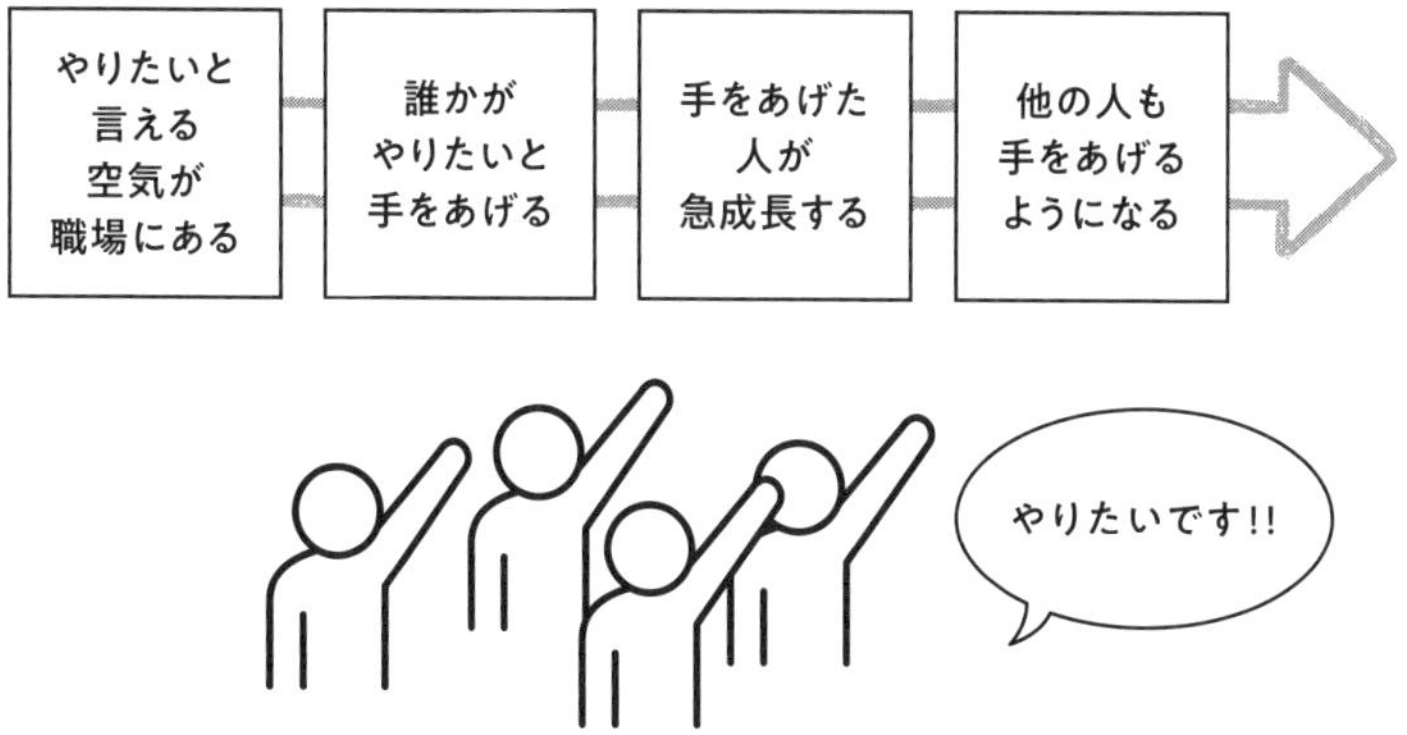

手をあげやすい「空気づくり」が大切

特に最後の2つは大切です。

失敗談を話すというのは、「ヒヤリハット」のような、事故防止や再発防止のための情報を共有することだけが目的ではありません。

特に、**上司が積極的に自分の失敗を話す**というのは、「上司のあの人も失敗したことがあるのだから、大丈夫だ」と感じられ、部下の心理的安全性の観点から、とても有効です。

加えて、上司の人となりが伝わり、部下との距離が近づくという意味でも、失敗をオープンに話すことをおすすめします。

これからの上司は、成功自慢ではなく、失敗自慢をどんどんしていきましょう。

同様に、**チーム全員で失敗談を話す**のもおすすめです。

こちらも大変盛り上がります。

「誰もが同じことで悩んでいるんだな」

「失敗したのは自分だけじゃないんだ」

「みんな失敗している。だから挑戦して（失敗して）もいいんだ」

といった共感や安心を引き出すことができ、チームの一体感も生まれます。

あなたの職場は「手をあげやすい」か？

手をあげにくい環境		手をあげやすい環境
このような職場だったら要注意です！		日常的にできているか、チェックしてみましょう
□「そういうことじゃなくて」などと、上司の発言に否定形が多い	→	□「いいね！」「おもしろそうだね！」等、肯定的なリアクションが多い
□職場が静か。上司がいつも不機嫌あるいは忙しそうでメールやメッセンジャー以外のコミュニケーションは許されない雰囲気	→	□職場や上司に笑顔がある。雑談ができる（くだらないことも言える雰囲気）。メールやメッセンジャーが盛り上がることも
□上司から部下に話しかけることはあっても、逆はほとんどない	→	□仕事中、他の人に気軽に声をかけやすい。オンラインでも気軽にコミュニケーションをとれる
□失敗やミスは叱られる。しかも周囲に聞こえるところで叱られる	→	□上司→部下だけでなく、部下→上司に話しかけることが多い（次に同じことが起きたらどうするか、早く気づいてよかった等）
□上司が部下に無関心、あるいは興味がない	→	□上司が部下のことをよく見ている。仕事内容や性格なども把握している
□上司からほめられたことがない。他の人をほめているのも見たことがない	→	□上司がよくほめる。他の人へのほめ言葉も耳にする

リモート環境では、コミュニケーション不足から、メンバー間の心理的安全性は低くなりがちです。だからこそ、今まで以上に意識的にオープンなコミュニケーションを心がける必要があり、失敗を話すことは、特に有効な手段と言えるでしょう。

失敗を話せる職場は、意見を言いやすい職場です。

意見を言いやすい職場からは、自然と「やりたい」と手をあげる人も出てきます。

言わせる「空気づくり」ができているか、ぜひ確認してみてください。

コラム

自分で自分を成長させる「セルフ抜擢」

自分で自分を急成長させたい。そういう人は、自分自身で「言わせて、やらせる。」を実践できる**「セルフ抜擢」が早道**です。


「私にやらせてください」

「この仕事は、私がやります！」


こんなふうに、自ら名乗り出ることで、チャンスをつかんで急成長していきたいもの。

しかし、なかなか手をあげることができない……という人も多いと思います。

それは恥ずかしいからではなく、「やりたいのかどうかが、自分でもよくわかっていない」がために、手をあげられない人も少なくありません。

まだ自分の仕事がイメージできていない新入社員だけでなく、読者の皆さんのような中間管理職の人たちも、実は自ら手をあげることは少なかったりします。

なぜなら中間管理職には「やらされ仕事」が多いから。多忙でこれ以上仕事を抱えたくないという心理も働きますので、「この会社で何かやりたいことはあるか？」とあらためて聞かれても、「特にありません」など、曖昧な返事しかできません。

このような状況に思い当たるフシがあるという人は、危険信号です。

手をあげていないとすれば、管理職の皆さんも自身の成長が止まっているサインかもしれません。

成長が止まっている上司の姿を、若手は冷静に見ています。

「管理職になったら成長が止まってしまう会社」にいて大丈夫なのだろうか。

成長を放棄する上司の姿は、それだけで若手に不安をもたらします。

つまり、「人を育てる側」である中間管理職こそ成長が必要なのです。

そのような人たちこそ、**「セルフ抜擢」が有効**です。

次の質問を自身に投げかけるといいでしょう。

「1年後、私はどんなふうに大成功したいだろうか？」

すると、具体的なイメージが思い浮かんできます。

「今やっている仕事の次のステップとして、こういうことで成果を上げたい」

さらに質問を続けます。

「今の担当業務の1年後の大成功をイメージしたら、どうなりたいだろうか？」

「今の担当業務」で**「1年後に」「大成功する」**。

ここまで具体化すると、より鮮明に自分の成功イメージが浮かびます。

1年後という条件を加えて考えたことで、今の仕事の延長線上で将来のイメージが湧きやすくなったでしょう。

さっそく書き出します。セルフ抜擢ですので、最後の1行は「宣言」で締めくくりましょう。

・営業している今のお客様の売上を倍増させる（2倍にする）
・担当業務で「社内ナンバーワン」と言われるようになる
・ユーザー数を10万人獲得する
というのを1年後までに達成します！

自分で上司になったつもりで「いいね！」とか大きく赤ペンで丸をつけて「承認」するのもいいでしょう。

あくまでセルフ抜擢ですので、発想は自由かつ大胆に、大きな目標を掲げてみます。

このセルフ抜擢の成功確率をグッと高める方法があります。

それは、**周囲に宣言する**こと。

大胆な宣言をするわけですから、多少、勇気がいるかもしれません。しかし、今の業務の大成功ですから、少なくともマイナスにはなりませんし、上司や部署の人に迷惑をかけるものでもありません。リスクの少ないチャレンジです。

誰かに話すこと、つまり言語化することで、相手にも自分の脳にも記憶され、達成確率が上がります。

加えて、公言すると、必要なサポートが得られます。

セルフ抜擢という言葉から、一人でこっそりおこない孤軍奮闘するイメージをお持ちの方もいるかもしれませんが、勝手に宣言することで、思わぬ援軍がやってきます。

「有望なお客様を紹介するよ」

「このプロモーションをやってみてはどうですか？」

などと、知らずしらずのうちに、多くの情報やアイデアがあなたのもとに集まってきます。

周囲から応援される。

できたら評価される。

そして、また新たなセルフ抜擢をおこなう。

このループは、**セルフ抜擢で宣言した人だけが得られる急成長ループ**です。

最初は、小さな抜擢でもいいでしょう。
小さなものでも回せれば22歳から始めて、30歳までの8年間で8抜擢できます。
大企業に勤めている人は、30歳では昇進の機会がないかもしれません。
そのような環境にいる人でも、8抜擢すれば、大きく成長できるのです。

セルフ抜擢で、自然と、次のような質問が思い浮かぶでしょう。

「1年後の大成功を実現するためには、どういうスキルや経験が必要だろう?」

「○○の資格を取得したい」
「△△の経験を積んでおきたい」

こんなふうに逆算して、より具体的に考えることができます。
この、**「1年後の大成功をイメージする」ことは、最初のマンネリに陥りやすい、入社2年目、3年目あたりの人たちには効果絶大です。**

「1年後、どうなっていたいか」だと、「今のままでいい」「特にない」と答える人もいますが、「1年後の大成功」となると、おのずと次の挑戦と成長をイメージせざるをえなくなり、より具体的に「やりたいこと」「やるべきこと」が見えてくるのです。

時間を限定せずに聞くと、人は漠然と遠い先のことを聞かれているような気分になり、「何か壮大なことを言わないといけないのかな？」とプレッシャーを感じる人もいるようです。

一方、1年後すら遠くに感じられてイメージができないという人もいます。

その場合は、1年という区切りにこだわらず、**半年後、3カ月後と時間軸を短くしてみてください。短ければ短いほど、具体的にイメージしやすい**と思います。

例えば、同じプロジェクトを数年続けている場合、「今のプロジェクトで培ったスキルを活かしてどんな大成功をしたいか？」「部署を異動して大成功するとしたら、どの部署がいいか？」と、自身の本音を聞き出しながら、逆算思考で成功をイメージできると思います。

1年後の大成功をイメージし、逆算思考で動こうとすれば、何をいつまでにセルフ抜擢すればいいのか、より具体的に見えてくるはずです。

「セルフ抜擢」シート

自分の成長をイメージしながら書きましょう

1年後、私はどんなふうに大成功したいだろうか

それを実現するためには、どういうスキルや経験が必要か

半年後、3カ月後と時間軸を短くするほど、
具体的にイメージしやすいです。
逆算思考で動けるようになれば、成長スピードもUP！

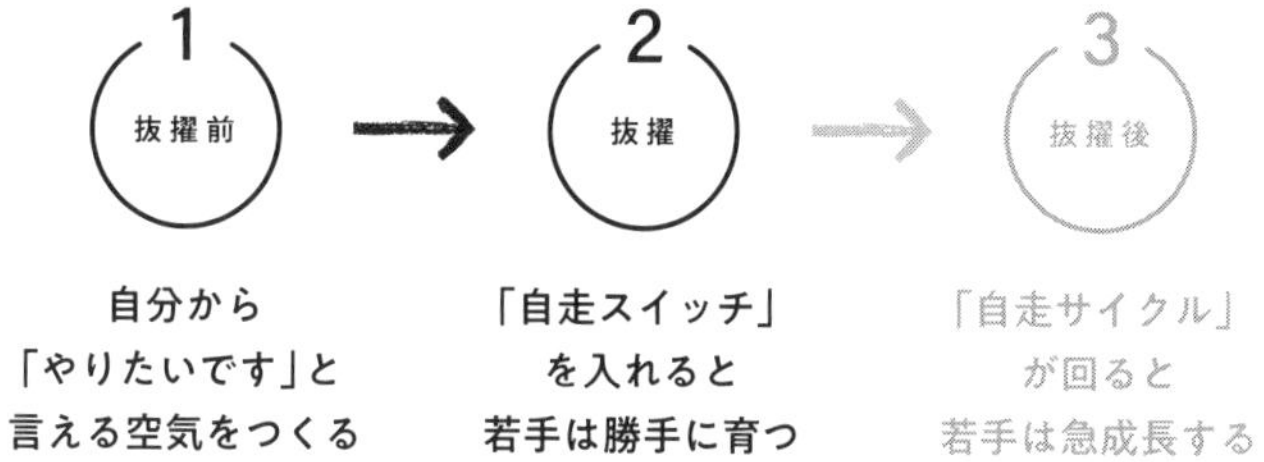
1
抜擢前
自分から
「やりたいです」と
言える空気をつくる
2
抜擢
「自走スイッチ」
を入れると
若手は勝手に育つ
3
抜擢後
「自走サイクル」
が回ると
若手は急成長する

第2章

抜擢─「期待をかける」と自分から動き出す

「自走サイクル」の第一歩、
「抜擢」の正しいやり方や気をつけたい点

成果を上げるために「抜擢」する

第1章で、成果を上げるために育成があるというお話をしました。

成果を上げるために、仕事を任せる。
その第一歩として「抜擢」があります。

「自走サイクル」の第一歩である「抜擢」は、人が自分で勝手に急成長するだけでなく、チームに大きな成果をもたらすものであることを、前提として押さえていただきたいのです。

「抜擢なんて、優秀な若手がいる組織でしかできないことでしょう」

この言葉が誤解であることは、もうおわかりだと思います。

1. 成果を上げるために「抜擢」をおこなう（「やらない」という選択肢はない）

2．すべてのメンバーに「抜擢」はおこなえるし、おこなうべき
3．正しいやり方で「抜擢」すれば、人は勝手に急成長する

まずは、この3つの原則を押さえておきましょう。

「抜擢」の３原則

1 **成果を上げるために**
「抜擢」をおこなう

2 **すべてのメンバーに**
「抜擢」はおこなえるし、おこなうべき

3 **正しいやり方で**
「抜擢」すれば、人は勝手に急成長する

企業が抱える3つの「抜擢問題」

「抜擢」は自走サイクルのファーストステップですが、実は多くの企業が、次の3つの状況に陥っています。

1. 抜擢をそもそもおこなっていない「**ゼロ抜擢**」
2. 抜擢（人とポジション）が足りていない「**抜擢不足**」
3. 抜擢の考え方とやり方が間違っている「**抜擢エラー**」

これは本当にもったいないことです。

すでに何度もお伝えしているとおり、

「抜擢」で人は育つ

のですから、やらない手はありません。

人を育てるのではなく、人が自ら育つ。この発想転換と環境整備が企業には求められています。


サイバーエージェントでは、経営陣や人事部の人たちと日常的に、

「抜擢は足りているか」

「抜擢できているか」

「もっと抜擢できないのか」

といった言い方で、常に抜擢を話題にしています。


「そもそも若手を『抜擢しよう』という発想がなかった」

企業が陥りがちな3つの「抜擢問題」

1. 抜擢をそもそもおこなっていない**ゼロ抜擢**
2. 抜擢（人とポジション）が足りていない**抜擢不足**
3. 抜擢の考え方とやり方が間違っている**抜擢エラー**

この3つの問題に気づくことが大切。

あとは解決するだけ！

私の話を聞いて、このように話す人事担当者がいますが、「抜擢していなかった（ゼロ抜擢）」という事実に気づいたというのは大きいでしょう。

気づきがあれば、あとは改善すればいいだけ、という言い方もできます。

「抜擢不足」も同様です。

「ここ1年くらい、リモートワークに切り替わったこともあり、若手リーダー中心の新プロジェクトの立ち上げはゼロだった」

「入社2年目、3年目の抜擢は、考えも及ばなかった」

「部署の最若手にチームの何かを任せるという発想は皆無だった」

このように、具体的に自社や自分の部署、チームなどで抜擢をおこなっていたか振り返るのも有効です。

具体的に「ここが足りていなかった」と気づけば、適切な改善策を講じればいいだけです。

多少やっかいなのが、3つめの**「抜擢エラー」**です。

「うちは積極的に若手登用しているのに、ちっとも成果が上がらない」

「若手に任せてアイデアを出してもらっても、絵に描いた餅で実現に至っていない」

「こちらがお膳立てした新人向けのプロジェクトも、メンバーが受け身でなかなか前に進まないので、結局、リーダー役の30代を投入することになってしまい、何のための抜擢かわからなかった」

「若い人たちからリーダーを募っても、誰も『やりたい』と手をあげない」


こうした悩みや不満についても、よく耳にします。

しかし、これも心配無用です。

抜擢にはしかるべきプロセスがあり、そこを飛ばしてしまっているために、若手が自発的に動かない（動けない、動きたくない）など、何らかの「抜擢エラー」が隠されているはずです。


まずは**自社（自分のチーム）の「抜擢」履歴を洗い出してみてください。**

（95ページのメンバーの抜擢チェックリスト参照）

このようにリスト化すると、抜擢の量が多い・少ないが可視化されます。

「ゼロ抜擢」「抜擢不足」問題は、**リスト化することで一目瞭然**です。

また、「宣言」と「承認」がおこなわれたかチェックすることで、抜擢の成否の理由も見えてきます。

「ちゃんと部下に宣言させなかったから、その後の動きが悪かったのだな」

「上司の承認を得ていなかったから、次のアクションがしづらかったんだ」

このように、**ほとんどの「抜擢エラー」は、「言わせて」なかった、「やらせて」なかったことで出てくる機能不全によるもの**だと気づくはずです。

さっそく、あなたの職場の抜擢チェックをおこなってみましょう。

メンバーの抜擢チェックリスト

日常的に「抜擢」をおこなっているかチェックしてみましょう

メンバー	キャリア	抜擢内容／抜擢するとしたら?	期日（いつまでに）	気づき
部下のAさん	入社2年目	新規顧客獲得（B社）のクロージングを一人でやりきること	2021年1月	まだ新人だと思って任せていなかった
部下のBさん	入社5年目	新規営業先への提案書のテンプレート作成	2021年1月	他のメンバーとチームで作成を進めるプロジェクトに変更し、リーダーに抜擢したい
スタッフのCさん	派遣社員	自社の商品リストのアップデート	2021年1月	アップデート箇所の洗い出しの確認をするための打ち合わせを自ら提案してきた。動きが速い。もっと抜擢しよう

抜擢とは「期待をかけること」である

突然ですが、あなたは最近、抜擢していますか？

ほとんどの人がこう答えるでしょう。
「えっ、抜擢ですか？　していませんね……」

抜擢という言葉から、次のようなイメージをもった人も多いのではないでしょうか。

・昇進や昇格など、人事担当者がおこなう「抜擢人事」
・リーダーに指名する、重要な役割を任命する「権限委譲」
・新規事業部門への異動など、大胆な「配置転換」

たしかに、これらも「抜擢」です。でも正直、これは誰もができるものではありません。

ある程度の権限が必要でしょう。

「抜擢……していませんね」となるのも無理はありません。


では次のように考えてみてください。

抜擢とは、期待をかけることである。

さて、もう一度、先ほどの質問に戻ります。

あなたは最近、抜擢していますか？

あなたは最近、**誰かに期待をかけたでしょうか？**


想像してみてください。

どんなに弱小チームであっても、そこに「期待」があれば、どうなるでしょうか。

一人ひとりがやる気に満ちあふれ、チームに活気が生まれると思います。

「○○さんのこと、頼りにしているよ」とか、

「○○さんならできるはず。だから任せたい」

「○○さん、これお願いしますね」

こんなふうに、日頃から**期待をかけ合っているチーム**では、自然と人が育ちます。


一方、優秀なメンバーがそろっていたとしても、そこに「期待」がなければどうでしょう。おのずと組織は停滞し、個々人の成長もそこでストップします。


「抜擢」とは、「期待をかけること」です。

そこには正確性や確信は必要ありません。

ポテンシャルにかけること、それが「抜擢」です。

新卒採用も、そういう意味では「抜擢」と言えます。今はまだ社会人経験がなく、人材として花開くかどうかはわからない。でも未来への投資として、採用しよう。

これはまさしく「抜擢」の考え方です。


「うちの会社にはいい人材がいない」

「今いるメンバーでなんとかするしかない」

このように悩む人事担当者や管理職はたくさんいます。

過去の実績や、今の能力だけで見てしまえば、そう言わざるをえない状況かもしれません。**ロジックだけで考えてしまうと、「抜擢」などしないほうが安全**となってしまいます。

過去の実績はない、現時点での能力も足りない。

こんなふうに、「できない理由」はいくらでもあげられます。

しかし、「抜擢」とはあくまでも未来志向で、「期待をかけること」です。

「抜擢」とは期待をかけること

1. 抜擢は**未来志向**
2. 抜擢は**掛け算思想**
3. 「期待をかけ合うチーム」は**自然と人が育つ**

可能性にかける＝抜擢である。
足し算の発想やロジックだけでは飛躍的な成長はできない！

言い換えれば、**可能性にかけること**です。

「今いる人材で」「今ある能力の総和で」とロジックで解釈する限り、組織の能力はそれ以上にはなりません。**足し算の発想では組織の飛躍的な成長は望めない**のです。

一方、期待というのは、今いる人材、今ある組織の能力を、**掛け算で考える**というものです。優秀な人材がいない、かつては優秀だと評価されていた人材が思うように伸びていない。このように感じたときには、組織やチーム、人に対して「期待」していない、あるいは「期待」が不足しているのではないかと疑ってみましょう。

まずは期待をかける。ここから「人が育つ」サイクルが動き出すのです。

「期待」で人も組織も急成長する

「人が育つ」ための最初の一歩だと理解しても、「抜擢」という言葉が持つ強さから、どうも気が引ける、勇気がいる。そんなふうに言う人がいます。

繰り返しますが、「抜擢」とは期待をかけることです。

ほとんどの人は、仕事をしている中で、黙っていても成長していきます。

しかし、**期待をかけることによって、人はより早く、より大きく成長します。**

皆さんも経験があると思います。

直感的に（これ、重要なポイントです）、

「期待値が大きい」

「伸びしろがある」

と思った人に、何か仕事を任せると、通常より大きな成長と成果が得られることがあります。これが抜擢です。

管理職昇進などはわかりやすい例でしょう。経験のない人間に対し、期待をかけて登用するのですから。

「やらせてみたら、できた」

若手をプロジェクトリーダーにしてみたら、案外うまくやってくれた。それどころか、メンバー全員のやる気も向上し、チーム全体に良い影響があった。

このような話は、本当によく聞きます。

この、**「やらせてみたら、想像以上にうまくいった」を当たり前のこととして継続的に実現できれば、組織はより強くなります。**

この「やらせてみたら、できた」を、組織の習慣として日々回していくことが若手育成には欠かせません。その一歩目にあたるのが、この「抜擢」なのです。

例をあげて説明しましょう。

まずは副社長の岡本保朗《やすお》。彼はサイバーエージェント設立2年目に新卒入社で入った、いわばＣＡ第1期生。広告営業に配属されたものの、本人いわく「なかなか最初は伸びなかった」とのこと。本人が望むような結果を出せてはいなかったのですが、愚直に努力をし続けていました。

あるとき、検索エンジンに関するマーケティングの部門が伸びると判断した社長の藤田が「岡本さん、やってみなよ」と、子会社をつくり、その社長に抜擢したのです。会社設立と、それに伴う「抜擢」がきっかけで、岡本は急速に成長します。

抜擢された岡本は、個人として成果を上げるだけではなく、良いチームをつくって会社の業績も上げたのです。一人の営業パーソンに、いきなり経営を任せてみたらできた、会社設立をきっかけに業績を上げる方法を学んだ、という一例です。

ちなみに岡本は、２０２０年10月の役員体制の変更に伴い、本社の副社長の一人に抜擢され、二人いる副社長の一人になりました。

人は期待で急成長する。

組織は期待で急成長する。

こう言っても過言ではありません。

「抜擢しない」のはリスクである

あらためて、抜擢の持つ「効用」について考えてみましょう。

そうはいっても、多くの企業や上司の方が二の足を踏むのは、抜擢は「ハイリスク」だと思われているからです。

「抜擢して、うまくいかなかったらどうする？」という問題があります。

ただ、急成長を遂げるというのは、得られるものが大きいということです。

ハイリスク・ハイリターンとも言えます。

しかし、ここで忘れてはいけないのは**「抜擢しないこと」にもリスクがある点**です。

詳しくは後で書きますが、私自身、社長の藤田からの「人事を任せたい」という抜擢により、営業部門から人事部門という畑違いの分野で組織を強化することになり、現在に至ります。当時は、自分が抜けてしまうことで営業部門は大丈夫なのかと心配しましたが、私の心配をよそに、抜けた後のほうが営業部門の業績は伸びました。

抜擢のリスクとして、**「抜擢された人が抜けた後の仕事やチームはどうなるのか」問題**をあげる人がいますが、多くの場合はなんとかなる、いや、それどころか、以前よりもうまくやれるもの。そう考えるとなおのこと、抜擢しないことのほうがリスクになることもあるのです。

優秀な人材が流出する、若手の成長スピードが遅くなる、人材不足に陥る、組織に停滞感が生まれるといったデメリットが、抜擢していないことによって生じる可能性があります。**「現状変化なし」という意味では、リターンはない**とも言えます。

社長の藤田は、よく「『抜擢漏れ』がないように」と言います。

抜擢することがもはや日常になっている弊社では、抜擢して自走サイクルに入れるべき人間を見逃していないかという視点で人材を見ています。それゆえ、「抜擢漏れ」という言葉が藤田の口から自然と出てきます。

人材の流出や組織の停滞がもたらすものは、中長期的に見ればリスク以外の何物でもありません。下図のとおり、**「抜擢しない」ことは、ハイリスク・ノーリターン**（ほぼリターンなし）とも言えるのです。

近頃では、エースの若手社員が入社1、2年で辞めてしまうことが、大企業を中心に問題となっています。

そもそも、エース社員は自分で自分の成長を促し、成果を上げる方法を知っています。

ところが、社内で「自分は期待されていない」と感じたり、自分がもっと成長できる環境がないと感じたりしたら……。いくらスキルを上げても、実績を上げても、上のポストが空くまで待つしかないとなってしまったら……。閉塞感を覚えて、早々に

「抜擢しない」のはリスクである

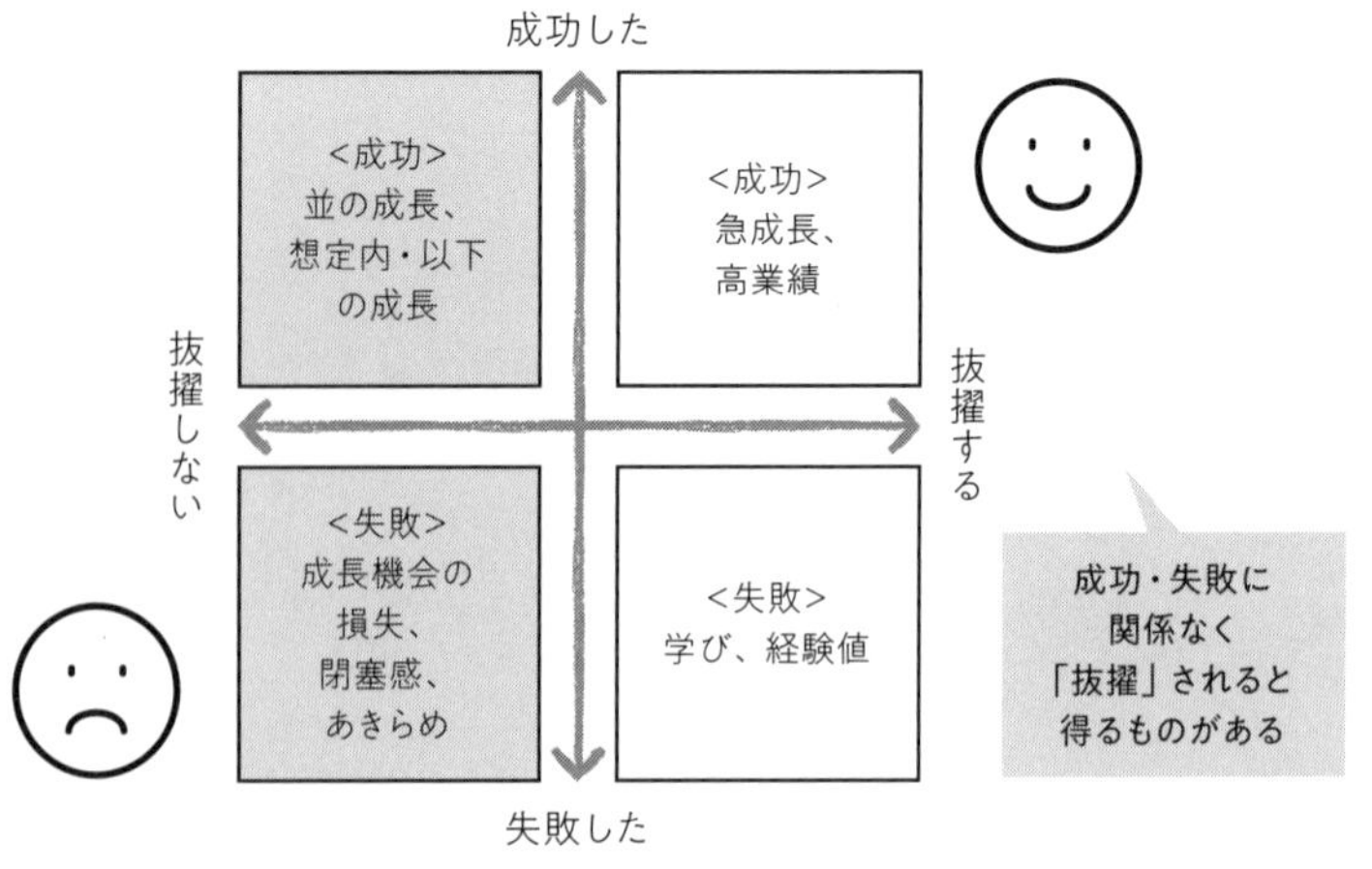

成功した
<成功>
並の成長、
想定内・以下
の成長
<成功>
急成長、
高業績
抜擢しない
抜擢する
<失敗>
成長機会の
損失、
閉塞感、
あきらめ
<失敗>
学び、経験値
失敗した
成功・失敗に
関係なく
「抜擢」されると
得るものがある

その会社を見限ることになるでしょう。

早い成長を強く望む優秀な若手にとって、「抜擢がない」というのは、そのまま退職理由になり得るのです。

そうなると、**「抜擢しない」のは人材流出リスクにつながる行為とも言えます。**

辞めない場合でも、かつてのエース若手社員がそのまま組織で腐ってマンネリ社員になってしまい、周囲にも悪影響を与えてチーム全体の士気や成果を下げてしまうおそれさえあります。いずれにしても、会社にとっても個人にとっても不幸な話です。

エース社員は、会社にとっても、マネジャーにとっても大事な人材です。

人材育成のためだけでなく、**優れた人材の流出を防ぐためにも、「抜擢」は必要不可欠なの**です。

期待をかけるのはノーコスト

抜擢は「未来への投資」ですが、**この投資にはコストはかかりません。期待をかけるのはタダです。**しかも、誰でもできることです。

加えて、**抜擢には明確な根拠を必要としません。**実績や経験がない人を登用するというのは、ロジックだけではないからです。

大切なのは「期待値」や「伸びしろ」という思いをもって、背中を押すことです。極端に言ってしまえば、演技でもいいから、「あなたに任せたい」と、期待をかけることが重要なのです。

そして、忘れてはいけないのが、どういう理由であれ、**「抜擢」は受け取る人にとって、基本的にはポジティブなものである、**という点です。

サイバーエージェントには、若手マネジャーがたくさんいますが、彼らは「年上の部下」を多く抱えています。うまくチームを回すマネジャーは、年上の部下をどんどん「抜擢」します。折に触れ**「あなたの力が必要だ」と協力を求め、上手に部下の力を引き出しています。**

面談では、

「『○○さんならできますよ』と、あのとき言われてうれしかった」

と答えるベテランが多数います。

「頼られる側」は「期待」をかけられると、率直にうれしいものなのです。

皆さんも経験があると思います。

まだやったことのない仕事を上司から任されたとき、

「大丈夫。何かあればいつでも相談してください。あなたならできると思いますよ」

こう言われて、嫌な気持ちになった人はいないと思います。

自分という存在に、誰かから「期待をかけてもらえる」こと。

それが**若手の、時にはベテランの力にもなる**のです。

第1章でもお話ししたとおり、組織には**心理的安全性が重要**だと言われています。「期待」をかけ、「抜擢」することで、その人の成長を信じるのも、心理的安全性をもたらすものだと言えるでしょう。

「あなたはもっと成長できる」

「君にこれができると思うから、お願いしたい」

このように普段から期待をかけてもらっている人であれば、自信をもって、「やりたいです」「やらせてください」と、自ら手をあげることができるのです。

ポテンシャルチェックリスト

部署やチームのメンバーを書き出し、彼らの「可能性」を洗い出してみましょう
一人ひとりを育てるのではなく、チームにして育成を任せるなど、抜擢の可能性は無限にあると気づくはずです

メンバー	キャリア	ポテンシャル・ 今伸ばしたい能力	何を補えば・ 誰の力を借りればできそうか
部下の Aさん	入社 2年目	営業の一連の仕事を一人でおこなう（自立）	Bさんとペアを組み、BさんにはAさんが一人でできるようサポートしてもらう
部下の Bさん	入社 5年目	リーダーシップ	Aさん育成の、トレーナー役を任せる

正しいやり方で抜擢する

第1章で紹介した「若手が育つ」しくみの基本ルール、
言わせて、やらせる。
しかし、実はこれだけでは「抜擢」は完璧ではありません。
言わせて、やらせる。
この前に大事なステップがあります。
それが、ここまでお話しした**「期待をかける」**です。
「抜擢」には次のような基本ルールがあります。
期待をかけて、言わせて、やらせる。
これが正しい**「抜擢」**なのです。

言い換えると、

期待→宣言→承認

の3ステップが「抜擢」なのです。

「言わせて、やらせる。」のほうがわかりやすくキャッチーなのですが、考え方としてぜひ覚えておいてほしいのが、この「期待をかける」です。

「期待」は人が急成長するための大切な要素であり、また、多くの人が誤解しているところでもあるので、ここできちんと説明していきたいと思います。

ただなんとなく、心の中であの人に期待をかけている。

「抜擢」の3ステップ

期待をかけて、言わせて、やらせる。

① **期待**を伝える：「期待をかけている」ことを相手に示す
② **宣言**させる：本人が「やります！」と意思表明する
③ **承認**する：「OK、任せます！」と承認し、応援する

1
この仕事を
あなたに任せたい、
どうかな？
2
やります！
やりたいです！
3
OK、
任せますね！
上司
部下
上司

これを「抜擢」とは言いません。

「弊社は積極的に若手を登用しているんですけどねえ……」という企業はたくさんありますが、そこで働く若手たちが「(自分たちは)登用されていると思っていない」という話はよく耳にします。せっかく抜擢をおこなっても、**抜擢された側にそのメッセージが届いていないのは、非常にもったいないこと**です。

一方、相手がやりたくないと思っていることを強引にやらせる。

これも「抜擢」ではありません。**単なる「命令」**です。

それでは、抜擢とはどのようにおこなうのか、詳しく説明しましょう。

この本で紹介する「抜擢」とは、**自分で宣言したことを、任せる**ことです。

第1章の**「言わせて、やらせる。」のプロセスを明確化したものが「抜擢」なのです。**

例えば、何かのプロジェクトのリーダーにAさんを抜擢するとします。

その際、突然その役割をAさんに押しつけるのではなく、Aさんに期待をかけ、Aさん本人が自ら「このプロジェクトをやりたい」と宣言し、それについて「了解です。あなたに任せます」と一任するという形で「抜擢」が成立します。

1. 期待を伝える：「期待をかけている」ことを相手に示す
2. 宣言させる：本人がそのことに対し「やります！」「やりたいです！」と意思表明する
3. 承認する：「OK、任せます！」と承認し、応援する

この3つのステップは、あくまで、自分で宣言したことを、任せることです。よく「コミットさせる」などと言いますが、本

「抜擢」と「命令」は違う

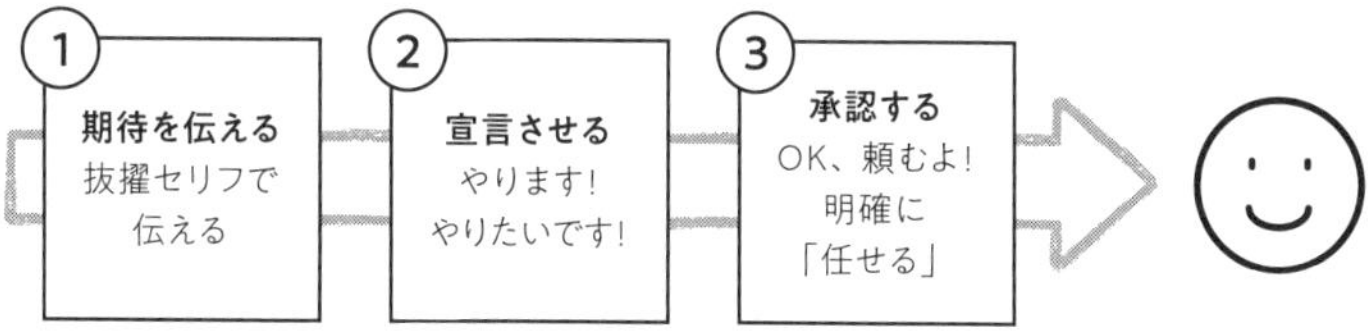

抜擢は「言わせて、やらせる。」

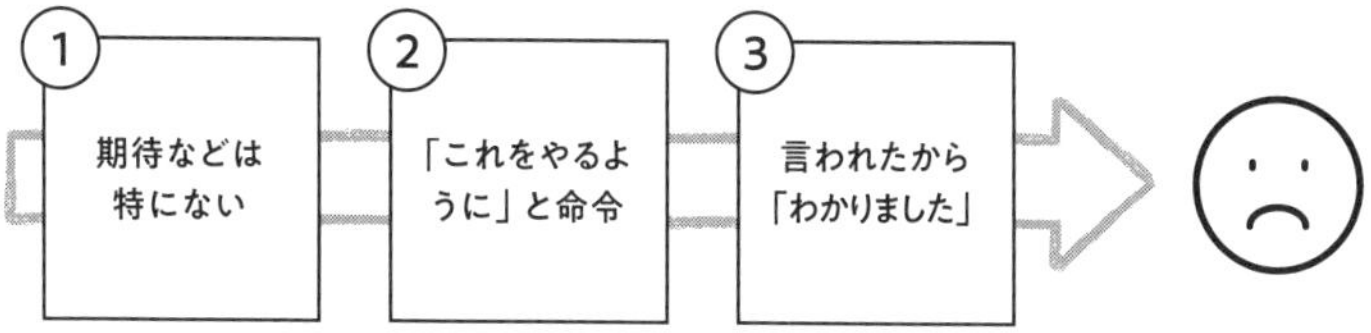

命令は「一方的に、やらせる。」

人が言ったことを全面的に任せてやらせるというのが一番いいやり方です。

この手順をきっちり踏まないと、**責任の所在や目的が曖昧になり、「上司にやらされた」「部下が動いてくれない」と齟齬《そご》をきたしてしまう**ことも……。


「期待をかけている」ことを伝えるだけでは、受け身の人が育つだけです。

主体性を上げていくのであれば、**1.期待を伝えて、2.宣言させる**は重要なステップ。

「やります！」と宣言することで、あたかも自分から言ったかのように、本人の記憶も上書きされます。ここがポイントです。

「自分で言った」という事実（記憶）により、

「抜擢」の3ステップ

期待をかけて、言わせて、やらせる。

① **期待**を伝える：「期待をかけている」ことを相手に示す
② **宣言**させる：本人が「やります！」と意思表明する
③ **承認**する：「OK、任せます！」と承認し、応援する

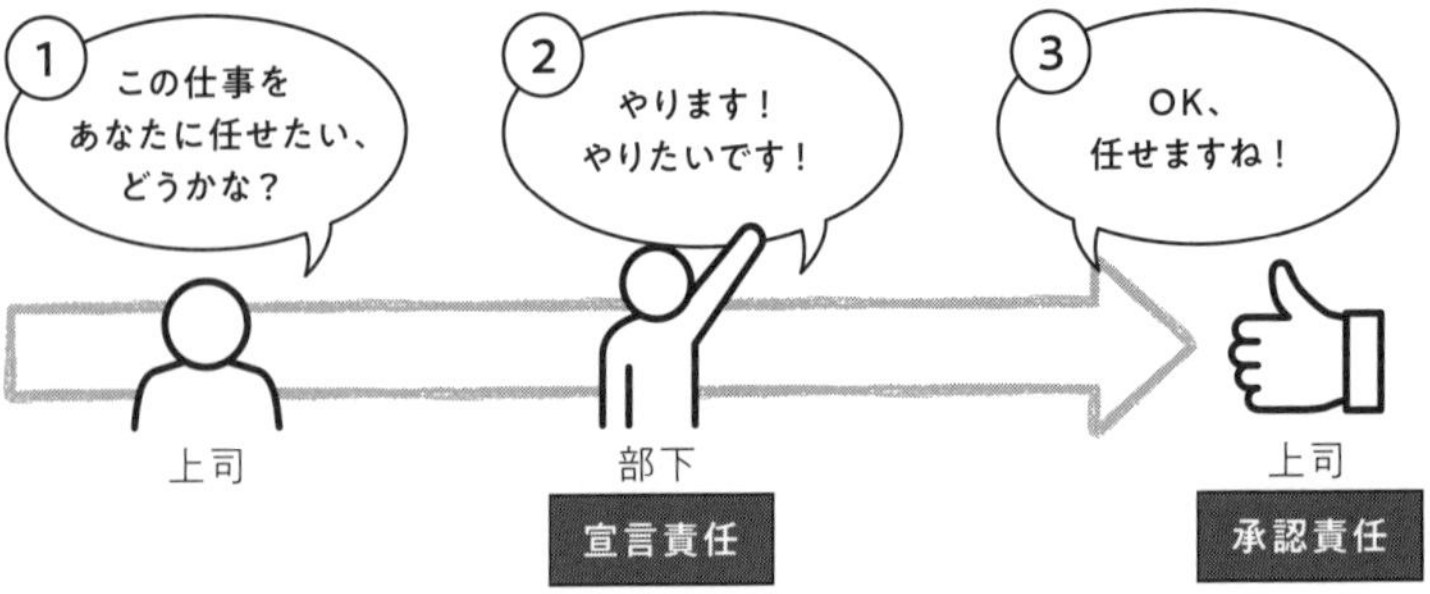

「宣言責任」が生じます。責任が生じることで、本人のやる気や粘り強さが出てきて、任された仕事やプロジェクトに対して、結果として最後までやり抜く可能性が高くなります。

「抜擢」のプロセスを透明化・可視化する上で、**3．承認する**、も大切です。

本人が「やります！」と言ったことに対して、本人の独りよがりや暴走ではなく、上司が認めていることを明確にする。上司の**「承認責任」**も明確になるので周囲の応援も得やすくなりますし、何より宣言した本人が安心して、新たな挑戦に対し全力を尽くせます。

一見、面倒なプロセスに思えるかもしれませんが、他責では人は成長しません。**ギアを自責に入れるための手順**が、この3つなのです。

抜擢された側が「自分で宣言し、そのことを会社や上司が承認している」と自覚することで自走サイクルは回り出します。

特に注意したい「抜擢のミスリード」

抜擢する際、気をつけてほしいことがあります。

それは、**抜擢されたAさんが、「自分は抜擢された」と自慢したり、「自分は優秀だから選抜されたのだ」と過剰な自己評価を抱いたりしてしまうことです。**新入社員から入社3年目くらいの若手が陥りやすい「抜擢のミスリード」です。

人によっては「自分はエリートなのだ」「他の同期はダメなヤツだ」と思い込んで、チームにとってマイナスの影響を与えてしまうことも……。こうなると、「Aさんを抜擢した上司のBさんも悪い」となり、上司に対する信頼も失われます。

そうならないためにも、若手を抜擢する際には、次の言葉を伝えましょう。

「責任者として抜擢したのだから、立ち居振る舞いには気をつけるように」
「周囲の手本となってほしいから、謙虚になってほしい」

要するに**「勘違いするな」とはっきり伝える**のです。これはすごく大事です。

特に調子に乗りそうな人には、期待を伝えて抜擢する際に、先ほどの言葉を伝えた上で、さらに「周囲から信頼を得るために、どう振る舞うといいかな？」などと、質問しましょう。Ａさんの口から「リーダーとして周囲に信頼してもらうために、謙虚であることを忘れないようにします」といった一言が出てくればＯＫです。

逆に、「自分がリーダーなんて無理です」と自信のないメンバーには、**「自然体が大事、そのままでいいですよ」**と安心感を与える一言を伝えましょう。

「やりたいです」を引き出す3つの要素

「こういうことをやりたい！」と自ら名乗り出るのは、勇気がいります。

本人が自ら「やりたいです！」「やります！」と言えるようにするために必要な要素が、

1．意味づけ　2．抜擢セリフ　3．信頼残高の3つです。

1．意味づけ「この仕事には意味がある」
2．抜擢セリフ「自分は期待をかけられている」
3．信頼残高あり「手をあげても大丈夫だ」

この3つがそろってはじめて、安心して「やります!」「やりたいです!」と宣言できます。

かつての日本企業は「いいからやれ!」という上意下達の命令組織でした。

しかし、今は違います。

「言わせて、やらせる。」ために、本人が自らコミットし、自分で成長していくためには、**この3つは欠かせないもの**なのです。

「やりたいです」を引き出す3つの要素

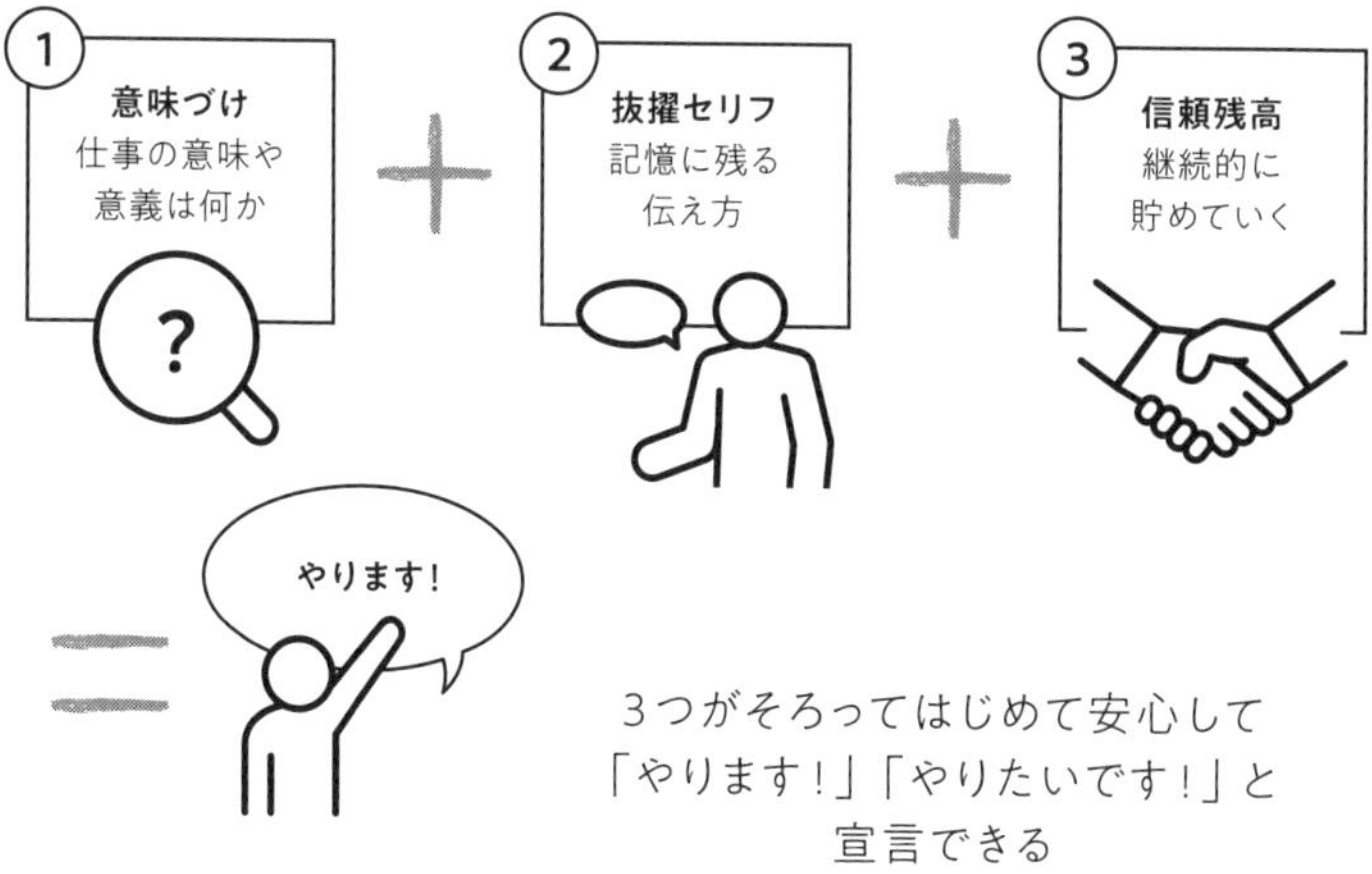

なぜ「いいからやれ」ではダメなのか

「そうまでしないと、若手は自ら動かないものか」と、疑問を覚えた上司世代の人たちにお伝えしたいことがあります。

かつては、「いいからやれ」「わかりました」で、確実に給料が上がり、昇進もし、定年後の手厚い保障も約束されていました。

高度経済成長時代は、右肩上がりの成長が当たり前で、未来の展望が明るかったのです。だから「その仕事をやる意味」など問う必要はありませんでした。やれば成長することは自明のことですから。

ところが、時代は変わりました。

「なぜそれをやる必要があるのか」を、伝える必要があるのです。仕事の意味、会社の目指す方向など、伝えるべきことはたくさんあります。

また、終身雇用が当たり前の時代には考えも及ばなかったことだと思いますが、転職やフリーランスなど、自由に働き方を選べる時代において、**「なぜここ（この会社）に自分はいるんだっけ？」という存在意義（パーパス）**も求められています。

「ベンチャー企業で働くほうが成長は早い」とか、

「ベンチャー企業で働く若手は主体的だ」と言う人がいますが、なぜでしょうか。

ベンチャー企業はまさに成長途上で、新しい市場の開拓など**組織の目指す方向が明確**です。そこで働く若手は、トップの考えや仕事への思いを日々共有しながら、たくさんの抜擢を経験し、決断や失敗、そして学習を繰り返していきます。自分のがんばりが何につながっているのか、事細かに説明されなくても、理解しやすい環境なのです。それゆえ、働く人たちは成長を実感しやすく、実際に急成長します。

ベンチャー企業で働いているから急成長するのではなく、日々**抜擢され、自走サイクルの中にいるから、成長できる**のです。そのような機会は、すべての企業で提供できるはずです。

今の若手は、やる気がないわけでは決してありません。

仕事・組織の意味や意義を理解し、自身が納得すれば、主体的かつ積極的に仕事に取り組みます。そのための**必要な要素の一つとして「意味づけ」**があるのです。

抜擢は「意味づけ」がカギとなる

抜擢には、「意味づけ」が重要であることはすでにお話ししました。

そもそも、**自ら手をあげるような人は、すでに「意味づけ」ができている人がほとんどです。**

あるプロジェクトのリーダーに手をあげた若手Aさん。

「自分の業務についてある程度できるようになった入社2年目の今だからこそ、できるかどうかわかりませんが、チームリーダーの経験を積んで、もっと成長したいです」

こんなふうに「プロジェクトリーダー」という仕事に、自分なりの意味づけをし、立候補しています。**「やれるかわからないけれど、挑戦するとこんなメリットがありそう」**というのを、自分なりに想像できている点がポイントです。

一方、手をあげる勇気のない同期のBさん。

「プロジェクトリーダーなんて、無理無理無理無理！」

否定的な感情が先走ってしまい、**なぜこの仕事をするのか、この仕事に挑戦する意味について、イメージできていません。**

どの組織においても、Bさんと同じような反応をする若手が大半でしょう。

Aさんのように、意味づけというのは、いつでも自分でできるものではありません。特に経験が浅い若手のうちは、**上司から意味づけをする、あるいは意味づけをサポートしてあげる必要があります。**

「仕事の意味づけ」を上司がサポートする

例：会議の議事録を取る仕事を任せたい

- **なぜこの仕事が必要なのか？**
  会議で出てきた課題や決定事項を共有するため
- **若手にとってのメリットは？**
  記録を取ることで、誰がどんな立場で仕事に関わっているか等、プロジェクトの全貌と進捗が把握できる
- **組織やチームにとってのメリットは？**
  多忙な上司のサポートとなる。若手からのプロジェクトに対する改善提案が出てきたらなおグッド

若手が仕事の意味を理解すれば「自分ごと」として取り組める！

実は私自身、社会人1年目のときは、自分の仕事に意味づけができていませんでした。恥ずかしながら、こんなこともありました。

「曽山くん、今度の飲み会の幹事、よろしくね」

私は上司からそう頼まれて、正直、とても面倒な気持ちになりました。

「どうしてこんな、仕事に関係のないことまでやらないといけないんだ。飲み会の幹事をするためにこの会社に入ったんじゃない。こんなことを任されるのは自分ができないと思われている証拠だ」

飲み会の幹事を「雑用でしかない」と思っていた私は、このとき、与えられた仕事に意味づけができていなかったのです。

抜擢の観点で言えば、**飲み会の幹事も抜擢の一種**です。

日程の調整、場所の決定、私は上司からその責任を与えられたことを、わかっていませんでした。

とはいえ、意味づけがうまくできなかったなりにも、得るものはたくさんありました。一番大きかったのは、自分の名前を先輩たちに覚えてもらったことです。

私はこの仕事の重要性に途中から気づきましたが、最初からその意味づけができていれば、もっとスムーズに、前向きに幹事の仕事ができたでしょうし、先輩たちにもいい印象を与えていたことでしょう。それだけ、意味づけができているかどうかは違いが大きいのです。

おそらく社会人1年目当時の私のように、「こんなことをやるためにここにいるんじゃない」と思った経験のある方は多いでしょう。**最初から自分の仕事に意味づけができる人は、なかなかいません。**

とりわけ飲み会の幹事に指名されるといった「抜擢されている感のないまま抜擢されている」状況だと、抜擢された自覚がないため、他責に陥りがちです。

それゆえ、**上司のほうから仕事の意味を伝え、しっかり抜擢のプロセスを踏む**のです。

「飲み会というのは、チームをまとめる大切な仕事なんだよ」
「この仕事をちゃんとやり遂げたら、周りの見る目は変わるだろうね」
「まだ君は入社したばかりだから、みんなに顔を覚えてもらえるチャンスだよ」

そして、

「今のあなたなら、みんなの力を借りながら、やれると思っている」と期待をかけ、「どう？　やってみる？」と確認するのです。

「はい、やってみます」

多少遠回りに感じるかもしれませんが、このプロセスを経てから仕事を任せると、不思議なくらい、若手はちゃんと仕事を「自分ごと」としてとらえ、やり遂げるものです。

仕事の成果と人の成長。

その両方を確実に実現するためにも、仕事の意味づけをしっかりおこないましょう。

「抜擢セリフ」で成否が決まる

次の2つは、どちらも抜擢の際の口説き文句（抜擢セリフ）です。
あなたなら、AさんとBさん、どちらの上司から言われたいでしょうか？

上司Aさん
「山崎さんが今度会社を辞めることになって、ここのポジションが空くことになったんだ。誰でもできる仕事だから、穴埋めとしてやってくれないかな」

上司Bさん
「前々から、Cさんこそこのポジションにふさわしいと思っていたんだよね。チャンスも多いし、仕事もおもしろいと思うから、ぜひやってほしい」

上司Aさんの伝え方はどうでしょうか?

正直、いい気がしません。このポジションに収まるのは誰でもいいようなニュアンスもあります。たとえそれが事実だとしても、言われた側は「自分はあまり評価されていないんじゃないか」とさえ思うかもしれません。

では、上司Bさんの口説き文句はどうでしょう。

警戒心の強い人は、「ちょっと持ち上げすぎ。リップサービスかな?」と思うかもしれませんが、真実は「誰でもいい」のだとしても、それでも「あなたがふさわしい」と実際に言われれば悪い気はしないはずです。

抜擢セリフの目的は、相手の「自走スイッチ」を入れること、いわば「その気にさせる」ことです。

Aさんの伝え方は、ある意味正直でリアルですが、その気にさせられるのは、言うまでもなくBさんの抜擢セリフです。抜擢においては、**事実よりも「抜擢セリフ」が勝る**のです。

抜擢される側の心理には、そちらのほうが間違いなくプラスの影響をもたらします。

「抜擢セリフ」は、言葉だけでなく、伝えるタイミングも大切です。

抜擢が上手な人は、話す場所やタイミングにも気をつかっています。

「ちょっと話したいことがあるんだけど、ランチに行きませんか？」
「休憩室で少しお茶しませんか？」
「オンライン会議の後、そのままオンラインで少し話をしませんか？」

このように、二人で落ち着いて話せる場所とタイミングを選べる人は、「その気にさせ上手」と言えるでしょう。

とはいえ、やりすぎる必要はありません。自然体で気張らずに意味づけすることを心がければ十分です。

大切なのは**「手短に、シンプルに、自分が言われてうれしいことを伝える」**、この一点に尽きます。**言われた相手の記憶に残り、そのまま誰かに話せる**ものです。

皆さんにも経験があるでしょう。何かのリーダーを任されたとき、何か大きな仕事を任されたとき、**上司から言われた一言を今でもはっきりと覚えている**という人は多いはずです。

言ったほうはすっかり忘れていても、言われた本人は、そのときのことを鮮明に覚えているもの。うれしくて家族や友人に話したり、振り返り面談などで「自身のブレイクスルーはあのときだった」などと話したりするときに出てくる言葉のことです。

社長の藤田は、以前、雑誌のインタビューで**言葉の持つ力**について、次のように話していました（日経ビジネスアソシエ2015年10月号）。

「一度心に刺さった言葉は、たとえ一字一句覚えていなくても、何かの折にふと頭によぎります。そういった〝刺さる言葉〟は、判断や行動の基準になることが少なくありません。自分自身であれ、他人であれ、『人を動かす』という意味で、『言葉の力』は、とても大きいと思います（中略）チーム目標で素晴らしい言葉が作り出せたら、それこそメンバー全員が1カ月寝ずに働くよりも高いパフォーマンスが出ますよ。〝言葉の開発〟については、多くの人が大事だと分かっていながらも、甘く見ている気がしますね」

一度心に刺さった言葉、これこそが「抜擢セリフ」です。

「抜擢セリフ」一つで、若手の自走スイッチが入るかどうかが決まります。

忘れられない、私の経験をお話ししましょう。

営業本部長だった私は、ある日突然、人事のトップに抜擢されました。

藤田からこう言われたのです。

「人事を強化したいから、人事本部を設置することにした。(目的・意味づけ)曽山くんに人事本部長になってほしいんだけど、どうかな？(期待)」

この藤田の言葉に、私はまず「ぜひ、やらせてください！」と即答(宣言)しました。とはいえ、今、営業部の責任者として自分が手がけている仕事から離れてしまっていいものかと思い、「営業部が心配です」と藤田に伝えました。

すると、藤田は次のように返したのです。

「それは心配だけど、でも人事をもっと強化してもらうほうがいいんだよね」

この**抜擢セリフ**は、今でもはっきり覚えています。

抜擢される側の不安は、未知の分野でのチャレンジに対するものではありません。新しい挑戦はワクワクするものです。ぜひともやってみたいと思いました。

とはいえ、今任されている仕事を無責任に放り出せないという責任感からくる不安もありました。そこを藤田は「それは心配」と同意しつつも、**「あなたにはもっとやってほしいことがある」と期待をかけることで、私の背中を押した**のです。

この藤田の抜擢セリフが、私のキャリアのターニングポイントになりました。

「抜擢セリフ」づくりの3つのヒント

具体的にはどのようにして、「抜擢セリフ」をつくればいいのでしょうか。

先ほどは私の話をしましたが、ご参考までに、社内の人間から聞いた「抜擢セリフ」をいくつか紹介しましょう。全員、抜擢セリフをはっきり覚えていました。


「期待を込めて、マネジャーへ昇格を決めた。チームを引っ張っていってほしい」

「注力分野だから、○○さんに任せたい」

「新しくできた子会社の役員やらない？」

「ここからはすべて、○○さん次第」

「マーケットを見て、事業部全体をどうしたいか考えて」

「天下の大将軍目指してやってくれ」

「早く経営の経験をしたほうがいいと思ったから」

「周りの幹部とはレベル差があるから大変だけどがんばって。まだ育成枠だからね」

前述のとおり、どれもシンプルな一言。

加えてこれらの抜擢セリフには、次の3つの「要素」のいずれかが入っています。

1.「期待」そのものを明言する

「君に〇〇を任せたいと思っている」

2.責任の大きさを述べる。間接的に「期待」を伝える

「成功するとウチの未来の大きな収益源になるから」

3.高い目線をリクエストする。向かうべき方向、ベクトルを示す

「3年で100億円の事業にしてほしい」

抜擢セリフに入れたい3つの要素

1.「期待」そのものを明言する
「君に〇〇を任せたいと思っている」

2.責任の大きさを述べる。間接的に「期待」を伝える
「成功するとウチの未来の大きな収益源になるから」

3.高い目線をリクエストする。向かうべき方向、ベクトルを示す
「3年で100億円の事業にしてほしい」

その人が仕事を通じておこなった言動から
「ほめゼリフ」を考えること。
3つのうち、どれか1つが入っていればOK

ちょっとした仕事を任せるくらいで、あるいは定期的な異動の辞令一つで、「抜擢セリフ」まで考えて言わなきゃいけないのか。こんなふうに思った人もいるかもしれません。いわゆる昭和の上司世代の方は、こんなとき、つい「まあ、こんなもんでしょ」とか「誰もが通る道だからさぁ～」などと口走ってしまいます。

上司にとっては何気ない一言でも、言われたほうは傷つきます。上司への信頼は失墜し、仕事へのやる気を失うだけでなく、「こんな会社にいても未来はない」と早々に見切りをつけて、辞めてしまうことも……。

きっかけは、ほんのささいな一言です。

その一言が、急成長のスイッチを入れるのか、人材の流出となるか。たかが一言、されど一言。だからこそ、**「抜擢セリフ」を真剣に考えてほしい**のです。

抜擢セリフ作成リスト

部署やチームのメンバーへの「抜擢セリフ」を作成しましょう
手短に、シンプルに。自分が言われてうれしいことを書くのがポイント！
言われた相手がそのまま誰かに話せるようなセリフを作りましょう

誰を抜擢?（orポジション・年数）	抜擢内容	伝えるセリフと想定できる反応
例）曽山の場合（社長の藤田から）	人事本部長への抜擢	人事を強化したいから、人事本部を設置することにした。曽山くんに人事本部長になってほしいんだけど、どうかな？（営業が心配ですと曽山が答えたら…）それは心配だけど、でも人事をもっと強化してもらうほうがいいんだよね

抜擢前後は「信頼残高」を貯めておく

「抜擢セリフ」には弱点があります。

それは、**上司と部下の間に信頼関係がないと、胡《う》散《さん》くさくなってしまう**ことです。

いつも機械的に業務のやりとりしかしていない間柄だと、先ほどの意味づけをした抜擢セリフも通用しない可能性があります。

「抜擢セリフ」でその気にさせるのは、そう簡単なことではありません。

例えば会社の同僚を喜ばせるために、サプライズで誕生パーティーをするという演出は、**それまでの信頼関係があるから成り立つ**ことです。

自然な演出ができるかどうかは、普段の信頼関係が物をいいます。これまでに相手との間でどれだけの信頼関係を築いてきたか、その蓄積量を私は**「信頼残高」**と呼んでいます。

では、いかにして「信頼残高」を増やせばいいのでしょうか。

実にシンプルです。

相手をほめるのです。

第1章でもお伝えしましたが、ほめるというのは、**相手を認める**ことです。

ほめられた人から見れば、**自分のことを「見てくれているんだ」**というのが伝わってくる。ここが重要なポイントです。普段からその人のことを観察していなければ、ほめるのは難しいからです。

日頃から**相手のいいところを見つけたら、その場でほめる習慣**をつけましょう。

ほめられて嫌な気がする人はいません。ほめた相手のことを信頼するようになります。皆さんも自分のことを評価してくれる人に対しては、知らずしらずのうちに信頼を寄せているはずです。

忘れてはいけないのは、**信頼残高は黙っていれば下がる**という点。

普段から部下を観察し、**ほめるべき点を収集しておく**ことをおすすめします。

141ページの「部下へのほめ記録」に書き留めておくといいでしょう。

ただほめるだけではなく、**「その人がいないところでもほめる」**のが大事です。直接ほめられてもうれしいことはうれしいのですが、一時のコミュニケーションとしてほめている場合もあり、「本音で言っているのかな？」と思う人もいます。

ところが、第三者から「○○さんが君のことほめていたよ」と知らされたほうが、真実味があります。「あの人は本当に自分のことを評価してくれているんだ」と、心の底から思えるでしょう。

一度信頼関係を築いた後も、断続的にほめるようにしましょう。

そのたびに、その部下はあなたへの信頼を強めていきます。

最初はうまくほめられないかもしれませんが、たとえぎこちないほめ方だとしても、続けていれば、その不器用さを「きっと気をつかって言ってくれているんだな」とか「いつも見てくれているんだよな」などと、**「上司の愛情」としてポジティブに受け止める**はずです。

先に紹介した、職場に「『やりたいです』と言える空気をつくる」ためにも、日常的にほめる習慣をつけましょう。

部下へのほめ記録

部下をほめた実績を記録しましょう。直接ほめたもの、第三者を通じてほめたもの、これからの予定も

番号	いつ	誰に	どうほめたのか・ほめるのか	直接or第三者を通じて？
1	2021年11月	部下のAさん（入社2年目）	悩んでいることを自分から相談しにきたこと	直接本人に。「勇気を出して相談しにきてくれてありがとう」と伝えた
2	2021年11月	部下のBさん（入社4年目）	必ず締め切りを守り、直前のリマインドを忘れない点を評価	Bさんの後輩であるAさんに、Bさんのここが素晴らしいから学ぶといいよとアドバイスをした
3	2021年11月	部下のCさん（入社1年目）	レポートのコメントについて。自分なりの見解や提案も書き加えている点がいい	本人だけでなく、CさんのメンターであるDさんにも伝えよう

予定を書くことで「この人にも伝えよう」と、気づきを得ることも

ほめゼリフの3つの切り口

「ほめるのが苦手です」

「具体的にどうほめればいいのかわかりません」

こういう相談をマネジャーからよく受けます。


まず注意すべき点は、言ってはいけないほめゼリフ。

その人の**持っているもの（固有で持っている能力など）でほめるのはNG**です。

例えば、学歴や外見でほめることは避けましょう。「美人だから」「背が高いから」「育ちがいいから」「東大卒は違うね」みたいな言い方は、今の時代では差別やハラスメントととらえられてもおかしくありません。


では、具体的にどうやって「ほめゼリフ」をつくればいいのでしょうか。

次の３つの切り口でつくってみましょう。

1. **発言**の何が良いのか「会議でのあの発言、全社視点で良かったよ」
2. **行動**の何が良いのか「早い報告だったから、軌道修正が早くできた。ありがとう」
3. **考え方**の何が良いのか「複数の案を持ってきたのは、とても素晴らしいね」

つまり、**その人が仕事を通じておこなった言動から「ほめゼリフ」を考える**のです。

この３つの切り口は、叱るときも同じです。


例えば、Ａさんが待ち合わせの10時に来なかった（遅れて来た）とします。

ここで言ってはいけないのは、その人の人格や能力を否定する言い方です。

「時間に来ないなんて、だらしない」

「やっぱり怠惰だな」

「親はどんな教育をしてきたんだ」

「家族もそんな感じなのか」

これらはすべてＮＧです。

叱る場合は、**2. 行動を叱る**のが基本原則。あくまでその人が「時間どおりに来なかった」という行動に対して注意するのが、正しい叱り方です。

- **発言**
- **行動**
- **考え方**

この3つの切り口をほめ方・叱り方のヒントにしていただければと思います。

ハラスメントにならないほめゼリフ

---

1. 発言の良い点をほめる
「会議でのあの発言、全社視点で良かったよ」

2. 行動の良い点をほめる
「早い報告だったから、軌道修正が早くできた。ありがとう」

3. 考え方の良い点をほめる
「複数の案を持ってきたのは、とても素晴らしいね」

持っているもの（固有で持っている能力など）でほめるのはNG
「背が高いから」「育ちがいいから」「東大卒は違うね」

マンネリ社員こそ抜擢する

「抜擢」という言葉のイメージから、「若手にどんどん仕事を任せて、育てていけばいいのだろう」と思っている人も多いのではないでしょうか。

「抜擢」とは、期待をかけることですから、**若手・ベテラン両方に必要なこと**です。

次ページの人材のマインドマッピングをご覧ください。

1．**マインド高×スキル高＝エース社員エリア**
2．**マインド高×スキル低＝若手社員エリア**
3．**マインド低×スキル高＝マンネリ社員エリア**
4．**マインド低×スキル低＝ミスマッチエリア**

このマインドマッピングは、社員のマインド（感情）とスキル（論理）を表したもので、その人材の現在の状態を表したものです。順番に説明しましょう。

1．エース社員エリアは、マインドもスキルも高い人材です。ここに属する社員をどれだけ増やせるかが課題です。

2．若手社員エリアは、マインドは高いけれども、スキルはまだ低い人材のエリアです。1〜2年目の若手社員は、基本的にここに属します。

一つ飛ばして**4．ミスマッチエリア**は、マインドもスキルも低い社員。スキルが低くてもマインドさえ高ければ何とかなりますが、マインドが低く本人も成長を望まないようであれば、採用活動の段階で何らかのミスマッチが起こっていた可能性があります。

伸び悩む組織は、**3．マンネリ社員エリア**に多くの人材を抱えてしまっています。

人材のマインドマッピング

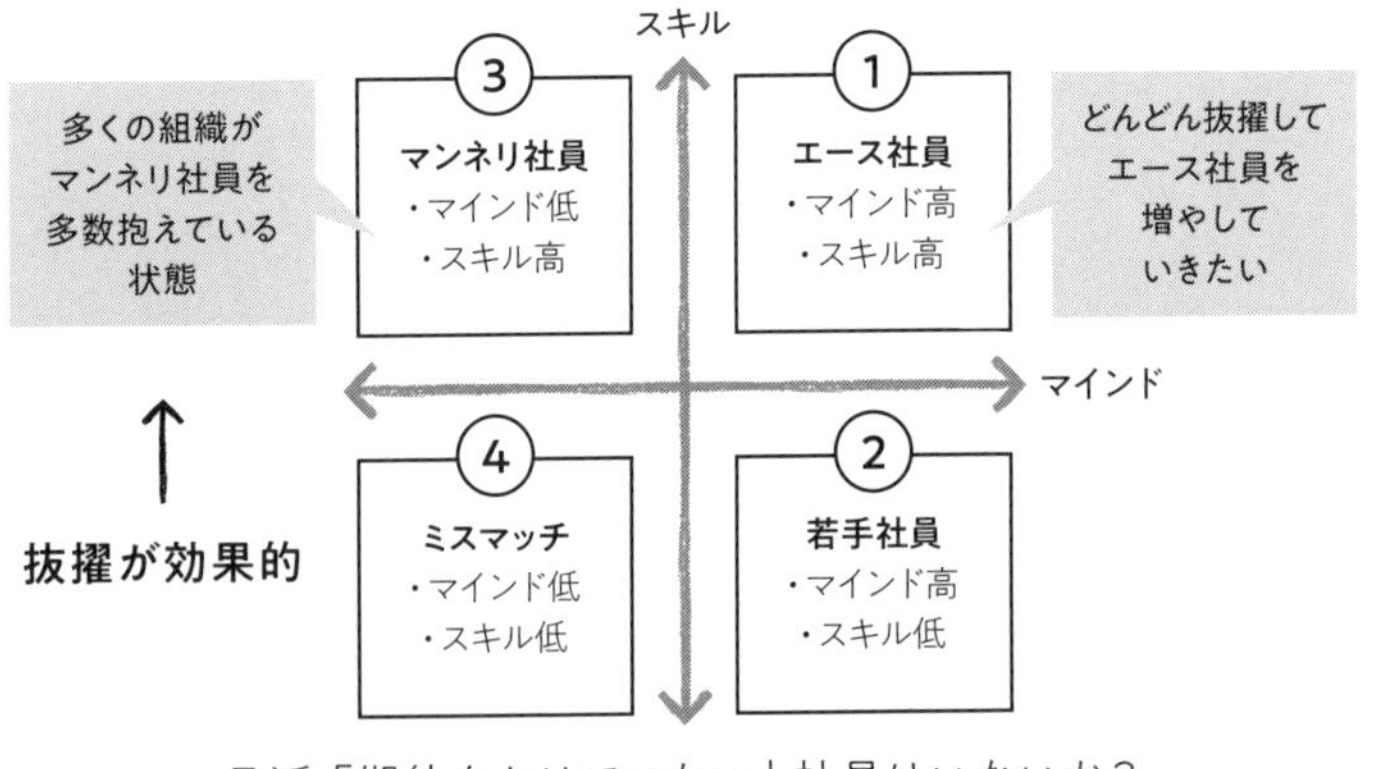

最近「期待をかけていない」社員はいないか？
マップを眺めて「抜擢」漏れをチェックする

クオリティーの高い仕事ができるにもかかわらず、ルーティンワークしかやらない、言われたことしかやらない、責任を取りたくない。マンネリの原因として、仕事内容や待遇面への不満があるのかもしれませんが、根源を探ると、**「期待されていない」という一言に尽きます**。つまりマンネリ社員エリアでくすぶっている社員にこそ、抜擢が効果的とも言えます。

3.のマンネリ社員が問題なのは、ほかのメンバーへの影響です。

「抜擢したメンバーのマインドだけ高く、ほかのメンバーのマインドが低い」という場合、いくらマネジャーが「今これに取り組めば成果が上がるから、みんなでがんばろう」と言っても、抜擢されていないメンバーはなかなかついてこないでしょう。本書では、**すべてのメンバーに、何らかの形で抜擢をおこなうこと**をおすすめしています（やり方については後述します）。

とりわけ、**感情はネガティブなほうに流れやすい**もの。

今はまだマインドの高い若手社員たちも、そのまま**放置していたら、マインドの低い人たちに流されてしまいます**。

抜擢というと、どうしても若手や、やる気のある人たちばかりに意識が向きがちですが、**マインドの低いメンバーも含めた、チーム全体に抜擢を張り巡らせる必要がある**のです。

誰をどの順番で抜擢すべきか

ここで具体的な話に移りましょう。

まず、「誰から抜擢するか」からお話しします。

能力や経験、適性に関係なくどんどん抜擢すべきであるということは、すでに述べたとおりです。役割などは**小さくてもいいので全員抜擢が原則**ですが、その順番を工夫してもいいでしょう。

では、どういう人材を真っ先に抜擢するのか。

第一に優先すべきは「本人の意思」です。

つまり、本人にやる気があるかどうか。言い換えれば、**やる気のある人間は、よほどのミスマッチがない限りは抜擢すべき**だと考えます。

第1章では**「言わせて、やらせる。」**と書きました。

「新事業のリーダーを探しているんだけど……」

「こんな仕事があるんだけれど……」

「やりたいです」

「ＯＫ、頼むよ」

これが**抜擢の基本**です。

「なんだ、そんなことか」と思われる方もいるでしょう。非常にシンプルですよね。

でも実際のところ、多くの職場では、**こうしたやりとりを日常的におこなっていません。**

ここには**組織が抱える大きな課題**が見え隠れします。

それは、**そもそも「やる気」だけで人を抜擢していない**という問題です。

例えば、大組織で働く若手が、上司に対していきなり「私にやらせてください」と直談判しても、それが通ることはほとんどありません。通ったとしても、それは十分な能力や経験があることが前提でしょう。

一方、サイバーエージェントでは、この**「私にやらせてください」**を一番重視しています。ミッションステートメントには「若手の台頭を喜ぶ組織で、年功序列は禁止」と明言しており、企業風土としてこの考えが根づいています。

「手をあげれば誰でもＯＫ」というほど極端ではありませんが、**本人のやる気を他の理由よりも優先して見ている**のです。

自分から「やる」と言った人と、「上から言われたからやっている」という人とでは、仕事に対する覚悟が違います。皆さんも経験があることでしょう。いったん自分で「やる」と意思表明したことは、簡単にはやめません。能力や経験が足りないことは承知の上で、自分のベストを尽くすと思います。

自分から手をあげる人の良い点は**「逃げなそう」**なところです。

実はこの「逃げなそう」というのはとても大事なことです。

言い換えれば、責任を取れる人、「ＧＲＩＴ（やり抜く力）」のある人。

自分ごととして、仕事に取り組むので、成果が出るまでしっかりやり抜く可能性が高いと言えます。

繰り返しますが、受け身で仕事をしていると、それだけで「他責」に陥る危険が高まります。当然ながら、**他責では人は育たない**のです。他責とは、うまくいかないことを周りの環境や人のせいにしようとすることを言います。この状態では、前述の「自走サイクル」は回せません。**失敗しても学習しないから**です。失敗を失敗と認め、その上で学習しなければ、経験は単なる経験に終わってしまい、経験値にならないため、大きな成長につながりません。

そういう意味でも、自分で手をあげる主体性がとても大切です。

職場に受け身の人が多く、今はまだ抜擢しにくいと感じた場合は、第1章で紹介した**「部下に自分の言葉で話させる『インプット→アウトプット→アウトプット会話』」**から始めてみてください。

実績がある人を抜擢する場合

先ほど、やる気のある人をまず抜擢しましょうという話をしました。

やる気に続く優先順位としては、**「すでに成果を出している実績がある人」**です。

その成果は、どんなものでも構いません。「成果」と書いてしまうと、どうしても年齢の高い人や社歴の長い人をイメージしてしまいがちですが、そうとは限りません。

例えば、これから抜擢しようとする新入社員が、入社前にインターンとして成果を上げていたとすれば、優先順位は高く設定しておくといいでしょう。**「成果の出し方」を知っているから**です。

成果を出すというのは、言葉で言えば一言ですんでしまいますが、その人の持つさまざまな能力を合わせた、複合的な能力を用いなければ達成できないことです。そのやり方をすでに知っているというのは、**適性がある**と言えるでしょう。

ただし、こういう人を抜擢する際にも「期待をかけて、言わせて、やらせる。」というプロセスは必要です。

「あなたにはこういう実績がある。それを活かして、こういうチャレンジができそうだが、どう思う？」

「たしかにおもしろそうですね、やってみたいです」

「ＯＫ、頼むよ」

一見遠回りに見えるかもしれませんが、こうした共感しやすいワンクッションを入れておくことで、「自責」モードに切り替えることができます。

入社2年目は迷わず全員抜擢

抜擢するのを忘れてしまいがちな若手がいます。

それは**入社2年目のメンバー**です。

入社1年目には何かと関心が向きますが、2年目や3年目の若手のことはつい忘れてしまいがちです。上司からすると、入社2年目の若手はいつまでも新入社員みたいな感覚で、悪気なく何かを任せるリストから外れてしまっていることがあります。

入社2年目というのは仕事のモチベーションが一気に下がる時期でもあり、そのタイミングで抜擢漏れが生じてしまうと、若手は疎外感を覚えてしまい、そのまま退職につながってしまうことさえあります。

以前、ある部門の2年目のメンバーと話をしていたときのことです。

その中に、入社1年目に大きな成果を出した人がいました。

その人から「2年目になり、少しモチベーションが下がっています」と相談を受けたのです。実際、2年目あたりが一番モチベーションダウンや成長鈍化が起こりやすいため、とにかく**入社2年目は全員抜擢する**ことをおすすめします。

その際、ポイントとしては**組織や顧客への貢献につながることを任せる**ことです。今まで自分のことで精一杯だったと思うけれど、次は仲間やお客様に対して自分に何ができるのかを考えて行動するよう伝えるのです。

入社2年目は全員抜擢する

- **なぜか？**
  - 仕事のモチベーションが一気に下がる時期
  - 抜擢が漏れがち（新人時代は自立のために任せていたのに）
- **どんな抜擢をおこなうべき？　⟶　他者貢献**
  - 新入社員の育成。メンターやトレーナー
  - チームメンバーの成果につながるもの
  - お客様に喜ばれ、感謝されること

組織貢献や顧客への貢献につながることを入社2年目に任せる

ちなみに先ほどの2年目の人は、顧客への貢献として、「データ分析で、新たな気づきをお客様に提示できたらうれしいです」と話してくれました。データ分析が得意ならば、そのことでチームやお客様に貢献できることを仕事のど真ん中にするというのはどうですかと聞くと、「それはワクワクします」と話し、本人の中で「私はデータ分析でチームとお客様に貢献したい」という思いがクリアに見えてきたのです。

1カ月後にまたその人と話をする機会がありました。

さっそく聞いてみると、「データ分析でチームやお客様に貢献すると意識したことで、働き方が自然と前向きになっていました」とのこと。

表情も明るくなり、自信を取り戻したかのようで、私もうれしくなりました。

2年目の抜擢は他者貢献がキーワードです。

具体的には次のような抜擢がおすすめです。

- **新入社員の育成をおこなう。メンターやトレーナーになる**

・チームメンバーの成果につながる何かをする
・お客様に喜ばれ、感謝されることをする

実際、サイバーエージェントにはトレーナー制度というのがあり、新卒の育成に入社2〜4年目を抜擢して育成を任せるようにしています。

みんなとてもがんばってくれて、トレーナー経験をすることで、人間的にも大きく成長する人がたくさんいます。

社内や部内に入社2年目の人がいたら、迷わず抜擢しましょう。

「人望のある人」はいち早く抜擢する

ほかにも、**人望がある人は早く抜擢したい**ところです。

人望がある人の長所は、人の扱いが上手である点です。周りの人に対する興味や関心が強く、周りをよく観察する習慣も身についています。

ただ、どういう人が「人望がある」と言えるのかは難しいところです。数字では表せないし、やる気がある人のように自分から名乗り出ることもありません。そこで私は、人望がある人の基準を次のように考えています。

- **人望のあるマネジャー：自分の右腕となるナンバー2を上司に紹介できる人**
- **人望のあるメンバー：「あの人はよくやっています」とほかの誰かを評価できる人**

一言でいえば、**「仲間を信頼している人」**です。仲間を信頼している人は、その相手から大きな人望を生み出している可能性が高いのです。

皆さんも身近な人を思い浮かべてみてください。仕事は誰よりもできるが自分一人でこのチームが成り立っていると思っているような人と、常に相手を信頼して周りに気づかいができる人。人望でいえば、後者ですよね。

こういったタイプの人は、自分だけでは成果が上げられないことがわかっています。そのため、**成果が上がらないときに「誰かに任せないと無理だ」と切り替えることができます。**これは**マネジャーとしては重要な資質**です。任せる、つまり抜擢することができるからです。自分一人で成果を上げ

「人望のある人」はどんな人か?

- **人望のあるマネジャー（リーダー）**
  自分の右腕となる「ナンバー2」を、自分の上司に紹介できる人
- **人望のあるメンバー**
  「あの人はよくやっています」とほかの誰かを素直に評価できる人

一言でいえば、
「仲間を信頼している人」が人望のある人！

ようとする人は、誰かを抜擢しようという発想がありません。

もう一つ、大ざっぱに聞こえるかもしれませんが、**同期からの信頼がとても厚い社員を抜擢する**のもいいでしょう。そのような社員を抜擢すると社内が活気づきます。その人を一人抜擢するだけで、ほかの同期もついてくるからです。こういう人は周りから応援されやすいので、職場の雰囲気もよくなるというメリットがあります。

このように、能力や経験、適性を見なくても抜擢できる基準はさまざまあります。抜擢する際には、減点法ではなく加点法で考えるようにして抜擢の幅を広げましょう。

「抜擢」する人リスト

- □ **やる気のある人**
- □ **実績のある人**
- □ **入社2年目**
- □ **人望のある人**
- □ **上記以外の人**

あくまで「全員抜擢」を目指そう！

「レーダーチャートの罠」に気をつけよ

人材管理のツールとして、レーダーチャートを使っている会社も多いと思います。

その人の能力値がひと目でわかる便利なツールですが、気をつけておかないと、**抜擢を鈍らせる要因**になってしまいます。

レーダーチャートには、企画力、行動力、コミュニケーション能力、論理的思考力など、会社によって内容は異なりますがさまざまな項目が用意されています。

それを見れば、「この人は企画力があるから企画部に配属しよう」「行動力があるから営業もやらせてみよう」と、人事の配置に役立てることができます。また、「この人は論理的思考力が弱いからこの課題を克服してもらおう」といった成長課題の発見もしやすくなります。

このレーダーチャートを採用活動に使っている企業もあります。

レーダーチャートがあれば、学生の能力も一目瞭然です。少しでも面積の大きい学生を採用していけば、短期的には「いい人材を選べた」と思えるでしょう。

しかし、ここに落とし穴があります。

レーダーチャートは、項目にある能力しか評価できません。項目を細分化していけばカバーできる範囲も広がりますが、それでもそこに載っているものしか評価できないことには変わりありません。

また、「へこんでいる部分はあるけれども、特定の能力がとがっている人材」も抜擢しにくくなります。結果、基準点をクリアしてほどよくまとまったバランス型の人材だけが残り、凡庸な集団ができ上がってしまうのです。

まさにこれは「レーダーチャートの罠」と言えます。

とがった人材、レーダーチャートでは表せない能力を持った人材の中には、成果を上げられる人材や、組織に変革を起こせる人材がいるかもしれません。

せっかくそのような人材が入社を希望しているのに獲得できないのは、組織にとっても大きな損失です。

抜擢においても、採用と同様にレーダーチャートの罠が存在します。

いくら「うちは積極的に若手を抜擢している」と言っても、「全部の数値が高い人」を基準に抜擢しているうちは、イノベーションは起こりません。

レーダーチャートの罠

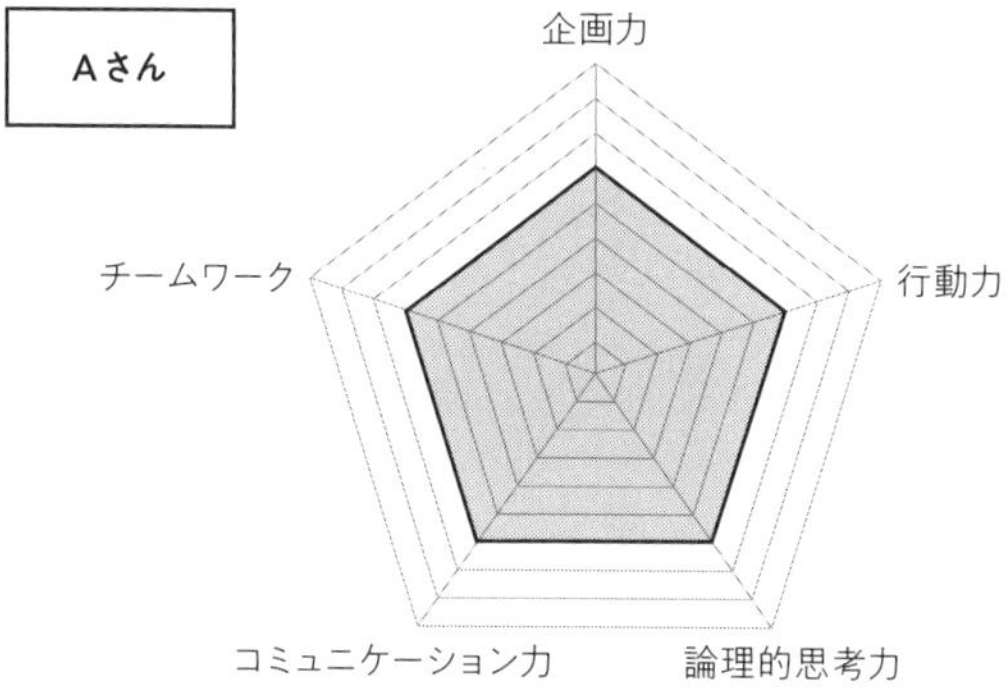

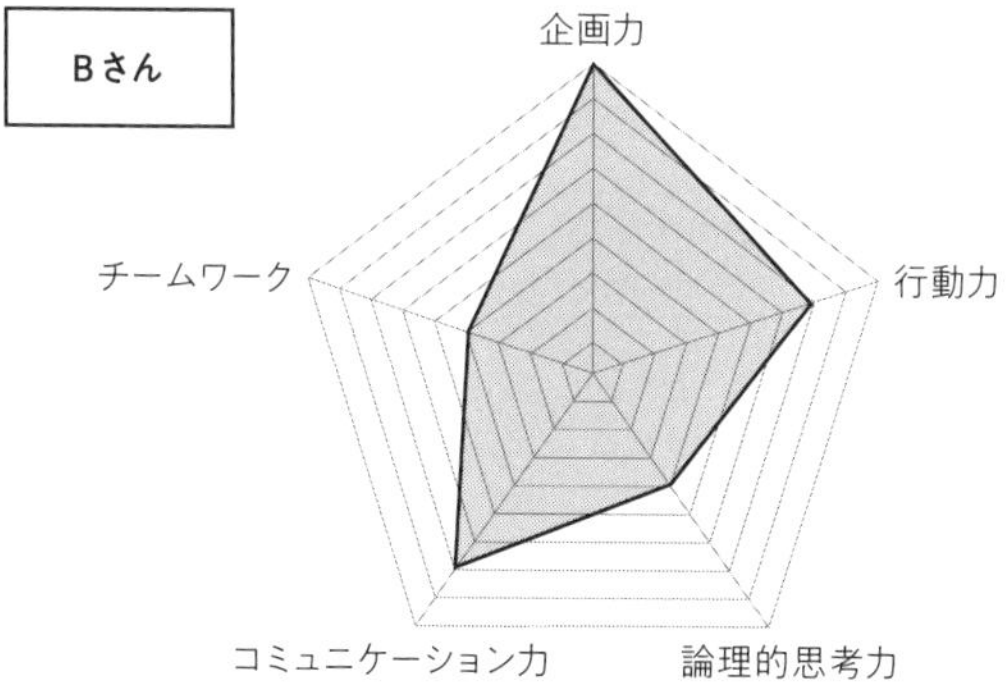

・突出した才能があるBさんよりも、バランス型のAさんを抜擢しがち。
　Bさんの企画力や行動力は評価しにくい
・結果、同じような人ばかりを抜擢し、凡庸な組織ができ上がる

レーダーチャートには「期待値」は記されていない。ここが落とし穴！

それに、何度も言うように**抜擢に「現時点の能力」は関係ありません。**

大事なのは本人の意思、つまり期待値です。

それなのに一人の人間に対してあれもこれもと多くの能力を求めてしまうがために、いつまでも抜擢できない状況が生まれているのです。


ちなみに能力に凸凹があるのは、決して悪いことではありません。世間で大成功している人たちも、実はどこか欠点があります。

ビジネスで成功するにはそのくらい偏りがあっても問題ありません。むしろ凸凹しているからこそ、自分の強みというものをとらえやすく、一点突破で物事を成功に導くことができるとも言えます。

抜擢の「2つの死角」に注意する

マネジャーの仕事は、チームの成果を上げることです。

そのために、メンバーの持つ力を最大化する。

最大化のツールとして有効なのが、本書で紹介している「自走サイクル」です。

人が育てば、メンバー個々の力は急速に大きくなり、チーム全体のパワーも、とてつもなく大きくなります。

であれば、本当は「誰を抜擢するか」ではなく、**「今いるメンバーを全員、抜擢する」**というのが、**マネジャーが目指したいゴール**とも言えます。

働き方が多様化している今、**抜擢に関して、意外な「落とし穴」があること**に気づきました。

それは、**よく知っている人にしか仕事を渡さない**という罠です。

物理的に一人ひとりのことがよく見えていないことから、自分がよくわかっている人にだけ仕事を任せてしまう傾向がより強くなってしまっているのです。

特に、次の2つのタイプの人への抜擢が漏れてしまっています。

1．入社したばかりのメンバー
2．異動でやってきたメンバー

リモートワークなどで物理的に彼らのことが「見えない」ことに加え、当然、今の職場での経験値が少ないため、新しい仕事をお願いしようとする際に、**どうしても「仕事のことをわかっている人」や「自分がよく知っている人」に渡してしまいがち**なのです。

1、2の人たちは、本来は**ポテンシャルの高い、最も「伸びしろのある人」**たち。つまり**真っ先に抜擢したい人たちのはず**です。彼らを育てなければ、当然ながらチームは強くなっていきません。

それどころか、いつものメンバーばかり、仕事の負荷が増え、最終的にはチームに不協和音が生じ、やがてチームは疲弊します。

こうなってしまっては、成果は上がるどころか、どんどん下がっていく一方です。

このようにメンバー全員への投資は、最終的に大きな成果となって返ってきます。

弱みをつぶしていくよりも、強みを活かすほうが、本人のやる気も出ます。

しかも、目標達成に必要な「抜擢」をおこなうため、成果が出やすいのもポイント。

メンバーが「自分の強みを活かして成長できている」と達成感を覚えるだけでなく、「自分のがんばりでチームに貢献している」という充足感も得られます。

リモートワークで、こうした**「自分がチームに貢献できている」という実感を得られることは、一体感や安心感にもつながります。**

具体的な抜擢のアイデアについては、次節をお読みください。

抜擢の「2つの死角」に注意

1. 入社したばかりのメンバー

2. 異動でやってきたメンバー

本来はポテンシャルの高い、
最も「伸びしろのある人」たち

⟶ 真っ先に抜擢したい人たちのはず

「仕事のことをわかっている人」や「自分がよく知っている人」
に仕事を渡してしまいがちなので注意

「責任者宣言」で全員抜擢

人事部の方から抜擢に関する相談で多いのが、**「いい若手がいるのに抜擢するポジションが空かない」**というものです。

特に大企業では、そのようなことが多いようです。スタートアップ企業の場合は、「そのポジション自体が存在しない」というのですから、皮肉なものです。

抜擢するポジションがない場合、どうすればいいか。

有効な解決策は、自分の部署で何か**新しい役割をつくってしまう**ことです。

例えば、入社1年目であれば、「新聞記事集め責任者」に抜擢するなど、その**部署やチームの課題・困っている、あるいは目標達成のために必要な要素に対し、「責任者」という言葉をつけて、任せる**のです。

これを「**責任者宣言**」と名付けました。

例えばチームに新入社員を含め、5人のメンバーがいるとします。

この5人全員を、何らかの責任者にするのです。

Aさん：新聞記事集め責任者
Bさん：相互理解を深めるための責任者
Cさん：業務改善の責任者
Dさん：スケジュールおよび進捗管理の責任者
Eさん：競合情報・マーケット分析の責任者

こうすることで、単なる5人のメンバーではなく、**5人の責任者がいる頼もしいチームに変わります。**


人というのは、期待に応えようとする反応性のある動物です。

その「期待」を「こういうことをしてほしい」「あなたのこういう能力を活かしてほしい」と、より具体的に伝えるのが「責任者宣言」です。

ここには「権限委譲しますよ」とか、「あとは任せますね」というメッセージも込められていますが、とてもポジティブな形でそのメッセージを乗せることができます。

こうした「責任者」として抜擢することは、チームへの貢献にもつながりますので、やりがいもあるでしょう。結果、一人ひとりの力は最大限に引き出されます。

小さな組織での抜擢、自分たちの裁量の範囲内でできる抜擢として、こうした「役割」の抜擢、**「責任者宣言」**は、チーム内ですぐにできますので、おすすめです。

スケールのより大きい役割抜擢の話で言うと、「全社横断プロジェクト」があります。

小さな組織や自由度の高い組織とは違って、大企業は組織が硬直化していることが多く、新しいポジションをつくれる場所はほとんどありません。

そこで私は、大企業の人事の方に、**全社横断プロジェクトのメンバーに抜擢する**ことをおすすめしています。

全社横断のプロジェクトとは、例えば新卒採用のプロジェクト、働き方改革のプロジェクトなどです。こういったプロジェクトに専任者として入るのではなく、現在進めている仕事と兼務しながらやらせてみるのです。そうすればわざわざ新しいポジションをつくらなくても、若手社員を成長しやすい仕事に抜擢可能です。

全社横断プロジェクトがなぜ全社の取り組みとして展開されているのかというと、それが

経営課題に取り組むプロジェクトだからです。こうしたプロジェクトには経営陣も注目しており、場合によっては直接参加もしています。

経営陣に近いところで仕事をするメリットはたくさんあります。経営者視点を持つことにもつながるため、今の自分が上位の役職に抜擢されることと同等の経験を積むことができるでしょう。

成長したい若手にとって、全社横断のプロジェクトへの抜擢は、新しい役割と同時に、これまで手が打てていなかった経営課題に取り組むチャンスももらえるということで、まさに一石二鳥の抜擢なのです。

「抜擢」する仕事の例

- □ スケジュール作成と進捗管理
- □ ミーティングや会議の議事録作成
- □ メンバーへのヒアリングとまとめ
- □ データ分析、分析結果のシェア
- □ 社内勉強会のレポート
- □ 新聞記事やWeb記事のリンクを共有

チームメンバーに喜ばれる業務を探すと、
たくさん出てくるはず！

目標未達の人を抜擢する2つの方法

では具体的にどうやって、目標未達の人を「抜擢」すればいいのでしょうか。

2つの視点から考えていただくことをおすすめしています。

1．目標を「一口サイズ」にする
2．個人から組織へ、貢献のベクトルを変える

この2つは、それぞれ実践するのも有効ですが、最も効果的なのは1と2をミックスさせること。

つまり「**やることを小さくして**」、なおかつ「**チーム貢献ができる**」ものを任せるのです。

目標未達の人に圧倒的に足りていないものは、「**成功体験**」です。

そこで、目指す範囲や仕事の割り当てなどを小さくして、まずは小さな成功体験を積み上げていきます。成功体験には、数字のような定量的なものだけでなく、「チームやお客様に感謝される」といった**定性的な要素を加えるのがポイント。**

手段としては、先ほど紹介した**「責任者宣言」は、非常に有効**です。

例えば、営業目標の6割しか達成していない新人のAさんがいるとします。

Aさんは、業界やクライアントの知識やトレンドについて少し理解が足りていないようです。そこで、Aさんを、新聞や業界誌を毎日チェックしてチームに情報を発信する「トレンド発信責任者」として抜擢し

目標未達の人を「抜擢」するには

1. 目標を「一口サイズ」にする
2. 個人から組織へ、貢献のベクトルを変える

⟶ 目標未達の人には
成功体験してもらうことが先決！

「責任者宣言」で、チームに貢献する抜擢をおこなうのは
非常に有効

ます。

Aさんは自分の足りないものを補うために情報収集と発信をしているのですが、それだけでチームメンバーに感謝もされます。

「あの情報はとても役に立ったよ、ありがとう」

こんなふうに言われれば、責任者としてますます仕事に励みたくなるはずです。

注意していただきたいのは、「一口サイズ」にするというのは、弱点克服のためだけではないという点です。**「チーム貢献」という視点で考えれば、強みに集中して、強みを伸ばすと**いう考え方もあります。

例えば、お客様とのコミュニケーションがあまり得意ではないBさんに、お客様からの声を分析し、レポートしてもらう。コミュニケーションについては得意な人がチームにいるけれど、分析に関してはチーム全体でまだまだ弱い。であればこれはBさんに任せてみてはどうだろう、という発想です。

個々の力だけで、その人の強みや弱みを見てしまうと、どうしても「抜擢」はしにくくなりますが、「チーム全体の役割分担」という視点で仕事の割り振りを見直すと、「ボトム人材」の思わぬ潜在能力に気づくこともあるはずです。

組織のためになることで抜擢するというのは大事なことです。

なぜなら、「みんなのためになることをがんばる人」は、周囲からの応援を得やすくなるからです。あまり重視されていませんが、**周囲からのサポートや応援を得る経験は、成功体験と同じくらい人の成長に不可欠な要素なのです。**

例えば、伸び悩む入社3年目のCさんが社内の「分析ノウハウ勉強会」の責任者になったとします。Cさんは分析ノウハウの資料を作成し、先輩や上司に事前にチェックをお願いします。そうすると、自然と「資料はこんなふうにまとめるといいよ」「こんなノウハウも知りたいです」など、たくさんの声をもらえます。これらのアドバイスは、まさに周囲からのサポートです。「勉強会を楽しみにしているよ」という言葉もまた**周囲からの応援**です。周囲からの応援はCさんの成長を加速させます。

実は伸び悩んでいる人は自分から質問をすることが少なく、チームの中で知らずしらずのうちに孤立している人がほとんどです。

新入社員の頃はたくさん得られたフィードバックも、3年目となると「できて当たり前」と思われ、自然と何も言われなくなります。当の本人はまだ自信がなく、できる新人を横目に、さらに自信は失われていきます。この負のループを、勉強会の責任者になることで、断ち切ることができるというわけです。

チーム貢献で周囲からのサポートを得ることのメリットがもう一つあります。

それは「自分から動きやすくなる」こと。

勉強会を無事成功させたCさんに、「次はMVP社員に目標達成の秘訣についてインタビューして、チームで共有しよう」と言うと、聞きに行きやすくなっているはずです。組織に貢献したことで周囲の応援を得ている状態なので、Cさんも臆することなくMVP社員に話を聞きに行くことができます。そこで聞いた話を、Cさん自身が実践することができれば、自然と目標達成ができてしまうかもしれません。

こんなふうに、**ペイ・フォワード（周囲への貢献が先）**で抜擢ができると、本人が自信をもって動きやすくなるのです。

目標達成はまだ6割だから、次は7割を目指そう。もちろんこれもOKなのですが、このように「チーム貢献」という違うベクトルを示して、先に小さな成功体験やサポート体験を積むことで、自信をつけていくというやり方もあるのです。

1．目標を「一口サイズ」にする

2．個人から組織へ、貢献のベクトルを変える

特に、**組織の中の役割という視点で考えれば、全員抜擢はよりしやすくなる**はずですので、ぜひ意識してみましょう。

目標未達メンバーへの抜擢リスト

未達メンバーの強みと、メンバーが周囲へ貢献できそうな業務を書きましょう
業務はできるだけ一口サイズに

誰に	強み	ペイ・フォワード（周囲への貢献が先）
部下のAさん（入社2年目）	積極的に人に話しかけられる行動力	部署内コミュニケーションの改善提案をメンバーからヒアリングし、まとめる

抜擢とは「自分が責任者になる」こと

ここまでお読みいただき、「抜擢」の全体像が見えてきたと思います。

自走サイクルの第一歩は、「自分が責任者になる」こと。

ここでのキーワードは、先にお伝えしたとおり「**責任者**」です。

マネジャーになることを引き受けたのであれば、そのチームの責任者になること。送迎会の幹事を引き受けたのであれば、送別会の責任者になること。イベントのレポートをまとめる仕事を引き受けたら、そのレポートの執筆責任者になることです。

ここで大事なのは肩書ではありません。**責任者であるという自覚を持つこと**です。マネジャーであれば肩書はもらえますが、レポートの執筆責任者などに肩書は付きません。

それでも、

「誰がどう言おうと、自分はこの仕事の責任者である」

といった強い自覚があり、その仕事の意味をきちんと説明できれば立派な責任者です。

ＮＡＳＡの清掃員のお話をご存じでしょうか。

熱心に掃除をする清掃員に大統領が声をかけ、その仕事をほめたところ、

「私はこのオフィスを掃除することで、人類を月に送ることに貢献しているのです」

と答えたというエピソードです。

この清掃員も、肩書はないのかもしれませんが、そのフロアにおいては自分が清掃責任者であるという自覚があるからこそ、大統領の目にとまるほど熱心に仕事に取り組んでいたのでしょう。自身の仕事の意味についても、パイロットが月に行くための手伝いをしているのだと、自らの言葉で説明できていました。

セルフであれ誰かから言われたからであれ、自らが責任者であると自覚することから自走サイクルは回り始めるのです。

次の章では、自走サイクルの２つ目のステップ、責任者としてなすべき仕事である「決断」について説明します。

自分から
「やりたいです」と
言える空気をつくる

「自走スイッチ」
を入れると
若手は勝手に育つ

「自走サイクル」
が回ると
若手は急成長する

第3章

決断—「決断経験」で大きく成長する

飛躍的に成長できる「決断経験」。
その積み重ね方と、より大きな決断をおこなう方法

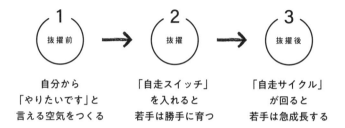

抜擢後の人材は「決断経験」で大きく成長する

大きな成果と飛躍的成長を実現するためには、抜擢しか方法はありません。

これは第2章で述べたとおりですが、では「抜擢だけしてあとは放置でもいいのか」というと、そういうわけにもいきません。

抜擢は成果や成長につながるものですが、抜擢するだけではそれらを得ることはできません。抜擢はあくまで、「自走サイクル」の起点。それに続く、決断経験をしてもらう必要があります。

決断経験により、若手は大きく成長します。

決断経験で、なぜ若手は成長するのでしょうか。

それは**自分で決めると、自分で責任を取るようになり、自分で学びを増やせるからです。**

決断経験は、自己成長の大きなカギとも言えます。

実は、**抜擢されたことで、決断経験は質と量ともに急増します。**

抜擢によって、「想像以上の大きな決断をおこなわなければならない」という場が生まれ、抜擢された数だけ決断経験も増えていきます。

未体験ゾーンに行くので、すべての判断が未体験の決断です。

この**未体験ゾーンでの決断経験は、人を飛躍的に成長させます。**

サイバーエージェントでは日常的に抜擢がおこなわれているため、たくさんの決断経験を積み上げることができます。

全社表彰でＭＶＰを受賞した新卒3年目の広告営業担当のＡさんは、１２００人以上の学生がネットに同時接続して参加したサイバーエージェントベンチャーズサミットで「営業ＭＶＰに聞く仕事術」に関する話をしました。そのとき、学生の方から次のような質問を受けたのです。

「すごい活躍をする中で、自分で一番成長したと感じる点はどこですか？」

「ビジネス経験を通じてさまざまなスキルも身についたのですが……**結局は決断力**だと思います」

Aさんは答えに悩みながらも、「やっぱり決断力なんですよ」といった感じでさらっと言及したのです。

決断が成長を促し、自信につながったとのことです。

仕事とは決断の連続です。

上司からのメールにすぐ返信したほうがいいのか、内容を精査してから返信したほうがいいのか。相談はBさんにすべきか、Cさんにすべきか。どの作業から手をつけるのがいいか。こういった決断は意外と重要で、どちらを選ぶかで仕事の成果にも大きな差が生まれます。

ここで**一番よくないのは、決断しないこと**です。

相談相手を誰にするか悩んでいるうちに結局誰にも相談しない。これでは決断は発生しません。また、決断に時間をかけていては物事がなかなか先に進みませんし、決断の早い人との成長スピードの差もどんどん開いてしまいます。

決断に時間をかける人が一回決断する間に、5回、10回と多くの決断をおこなっている人もいるのです。

それゆえ、抜擢した後は、**部下自身に決断経験をしてもらいます**。その際にスピードを重視し、短時間で数多くの決断をおこなうよう促します。


リモートワークの導入により、**決断経験の差が、個人の成果と成長に大きな差を生んでいる**ことがわかりました。これは社内調査でわかったことです。

決断経験の多い人、決断慣れしている人は、次々と決断し、仕事を進めていきます。

それゆえ、決断慣れしている人は、報連相の量が多い。

仲間が何をやっているのか見えにくいからこそ、積極的に発信しているのです。

一方、決断慣れしていない人は、「上司の返事待ち」など、より受け身になりがちです。

当初、人事の私たちは、リモートワークで「待ち」の仕事が増えて、業務時間が増えてしまっていないかと心配していました。「上司の返事・承認待ち」などは、想像していたシチュエーションですし、「業務がパッパッで死にそうです」という悲鳴が上がることさえ覚悟していました。

ところが、2020年の夏に全社員に向けてアンケートをとったところ、「リモート下でのチャレンジが増やせている」と答えた人が**7割以上いた**のです。

つまり、**リモートワークのほうが、提案の数が増えた**というわけです。

これは想定外の結果でしたが、よくよく話を聞いてみると、次のような理由が見えてきました。

普段から決断慣れしている人は、主体的に仕事を前に進めていきます。

どんどん決断していくので、仕事もどんどん早く進みます。

加えて、通勤時間の短縮やちょっとした仕事の中断などが減り、「自由時間が増えた」とのこと。「リモートでできた自由時間を考える時間に充てています」という意見が多く、「次のチャレンジの構想を描くなど、思考する質・量ともに増やすことができています」という意見も。

マネジャーたちも、戦略や新しい企画の提案のみならず、仕事のちょっとしたアイデアレベルでも「今、こういうことを考えているがどう思いますか」という投げかけが増えているというのです。

みんなうまく変化に対応してくれているなと感心しました。

しかも、**決断経験がある人ほどスピードが増し、一人で考える時間がほしかった人にとっては、「自由時間」が増えていたという事実には、正直驚かされました。**

同時に、**決断経験がそのまま仕事の成果と個人の成長に影響し、その差はどんどん広がっているという厳しい現実**も明らかになりました。

決断経験の重要性については、ぜひともあなたのチームで共有してください。

何より「決断スピード」にこだわるべき理由

決断には、スピードが求められます。

ビジネスにおいては、熟慮して決断を下すよりも、とにかく短時間で決断を下すことが求められるケースが多々あります。

A案にしようかB案にしようか迷っているうちに、ライバル社ではもうすでに同じようなプロジェクトが先に進んでいることだってあります。だからといって判断をサイコロで決めるわけにはいきません。さまざまな情報を取捨選択して、最良の決断を下す必要があります。

いい決断は、決断経験を重ねることで生まれます。

抜擢したメンバーには とにかく早く決断するよう促しましょう。

一つの決断に時間をかけている間に、もっと多くの決断ができ、間違っていた場合の修正もできたかもしれません。まずは決断して、次の決断につなげていくことを優先します。

慣れていない人ほど、最初は慎重に決断しがちです。

しかしそこで悩む時間にあまり意味はありません。熟慮を重ねたからといって、いい決断ができるわけではありません。悩むくらいなら、間違えてもいいので決断を早くすることが大事です。たとえ間違えた決断をおこなったとしても、それを次の決断に活かせばいい。

スピードにこだわることは、おのずと決断経験の量にこだわることにつながるのです。

より多くの決断経験を積むために、スピーディーに決断する。

このことを意識するだけで、決断スピードと数はすぐに上がります。

決断スピードを上げることは「ライバル社に先を越されないようにするため」といったビジネス上の理由からだけではありません。

成長の観点で言えば、「少しでも早く大きく成長するため」です。

意識的に決断のスピードを速めて数を増やしていくと、より早く成長を感じることができるでしょう。

抜擢したメンバーが早く決断したときは、すかさず「スピード」をほめましょう。

「すぐに決めて動いたのはいいですね」

たとえその決断が間違えていたとしても「軌道修正が早くできてよかった」とか、「間違いにこの段階で気づけたのは大きかった」などと、**決断の早さがもたらしたポジティブな点を強調してプラス評価をするのです。**

最初は決断に躊躇していたメンバーも、このように何度も早さを評価されると、スピードをだんだんと上げて決断することをおそれなくなります。

「スピード」を評価するほめゼリフ

- □ 先にフィードバックをもらったのは正解
- □ すぐに行動に移したのはいいですね
- □ 即断即決できているのは素晴らしい！
- □ 軌道修正が早くできてよかった
- □ 間違いにこの段階で気づけたのは大きい

決断の「スピード」をとにかくほめよう！

「決断サイクル」を回せば質が上がる

決断の量を増やせと言ったけれど、質はどうなの？

急いで適当に決断して、本当に成長するのだろうか？

このような疑問を持たれた方もいると思います。

たしかに、どんな決断にも価値はあるものの、一度でプラス1しか成長しない決断もあれば、**1回でプラス10成長する決断がある**のも事実です。

仮に、成長というモノサシで決断の質をはかるとしましょう。

より大きな成長につながる決断とは、どのようなものでしょうか。

そして、決断の質を上げていくにはどうすればいいのでしょうか。

ここで紹介したいのが**「決断サイクル」**という考え方です。

人が育つ「自走サイクル」は、抜擢、決断、失敗、学習のサイクルを回すことで成果・成長を促すというものでしたが、**決断の内部にも小さなサイクルがあります。**

そのサイクルとは、**「決断→認識→内省」**です。

一回の抜擢につき決断も一回とは限らず、抜擢によっては何十回、何百回と決断が求められることがあります。その決断ごとに、決断のサイクルが回ります。**その回数が増えるほど、決断は良質になっていく**のです。

ここで初出となる「認識」「内省」について説明しましょう。

認識とは、決断したことを本人が認識することです。

「決断サイクル」を回せば決断の質が上がる

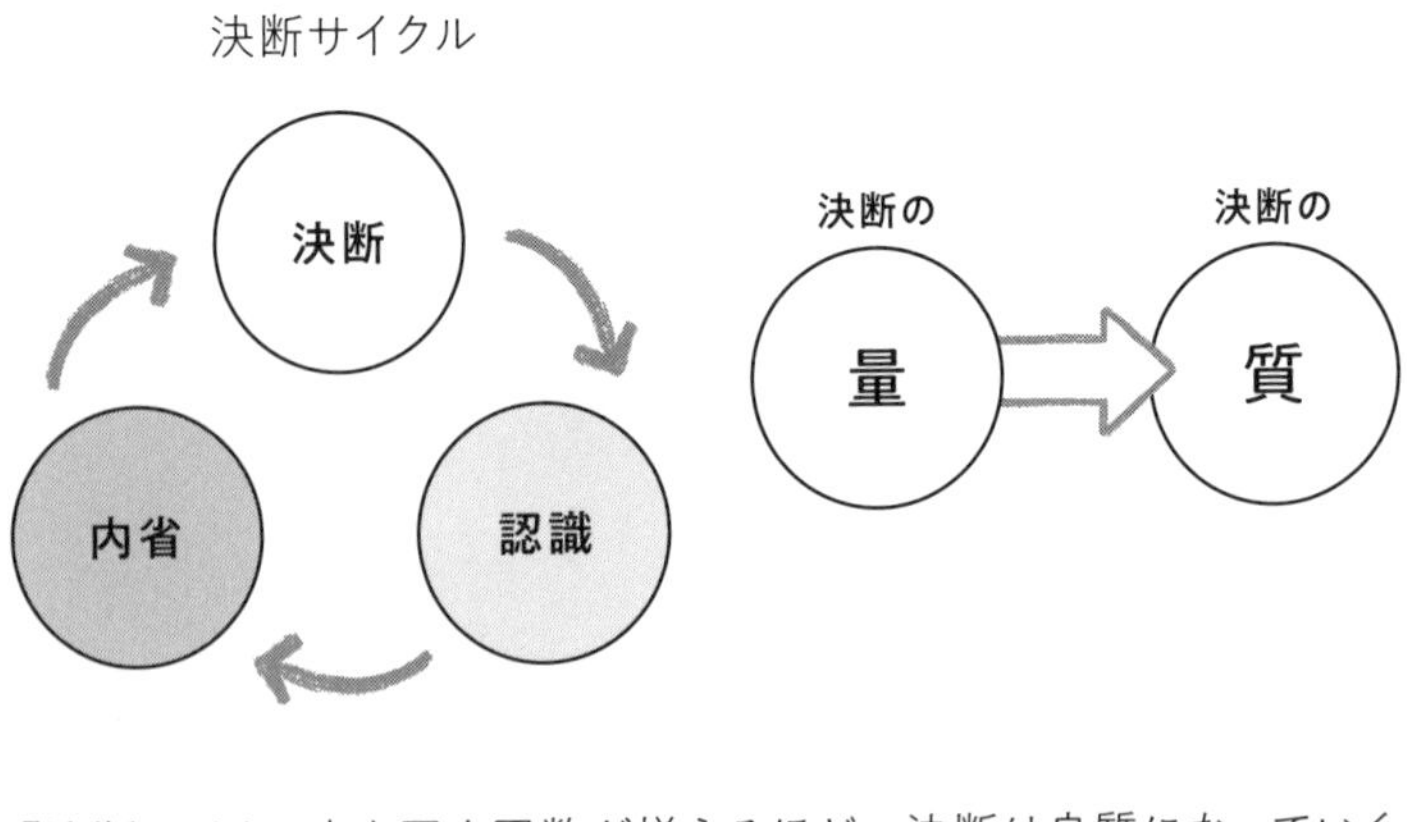

「決断サイクル」を回す回数が増えるほど、決断は良質になっていく

大きな決断を迫られたときは、「これから自分は大事な決断をおこなう」と認識できますが、そうでない決断は気づかずに過ごしてしまうことも多いでしょう。決断の価値に気づいていない人であればなおさらです。

決断のサイクルを回すためにもまずは、「自分は今こういう決断をおこなったのだ」と認識することがとても大切です。同じことをしても、「自分はこの1時間で何も決断していない」という人と、「この1時間だけで10回決断している」と認識する人とでは、このあと続く「内省」の機会をどれだけ持てるかというところで差が出ます。

決断をおこない、それを認識したら、その決断がどうだったかを自分で振り返ります。この**決断の振り返りが「内省」**です。

決断は迅速だったか、成果につながる決断だったか、この決断で周囲にどのような変化があったか。次の決断をより良質なものとするためにも内省は欠かせません。

そして「内省」することで、経験は経験値（学び）として自分の中に蓄積されていきます。振り返ることで**「決断↓認識↓内省」**の**「決断サイクル」を回していく**イメージです。

おのずと、決断回数は増えていきます。

「決断サイクル」の回し方については次節で説明します。

ワークショップで「決断経験」を言語化する

「決断することがあなたの仕事です」

こう伝えると、

「今まで自分で決断したことがないので、正直、自信がありません」と戸惑いや不安を口にするメンバーがいます。

性格的に慎重な人や自己評価の低い人に多く見られる傾向です。また、新入社員など、社会人経験の浅い若手のほうが「決断経験がないから不安」と考えがちです。

このような場合には、**決断経験のワークショップをおこなう**のがおすすめです。

私の開催するワークショップでは、これまでの決断経験を2分間で書き出してもらうというワークがありますので、ご紹介します。

1．学生時代の決断経験を書き出す（1分間）

このワークではまず、社会人になる前、**学生時代までの自分の人生における**決断経験をあげてもらいます。

いろいろなことが思い浮かぶでしょう。実際のワークショップでも、学校の部活やサークル、アルバイト、旅行、進学、習い事などの場面で何かを決断した経験について、ほとんどの人がスラスラと書きます。

2．社会人になってからの決断経験を書き出す（1分間）

ところが、次に「社会人になってからの決断経験を書いてください」というお題を出すと、マネジャーの皆さんは、なかなかその経験が思い浮かばないのです。

決断経験のワークショップ

1. 学生時代の決断経験を書き出す（1分間）
2. 社会人になってからの決断経験を書き出す（1分間）
2. が書けない人が多い→言語化できていない

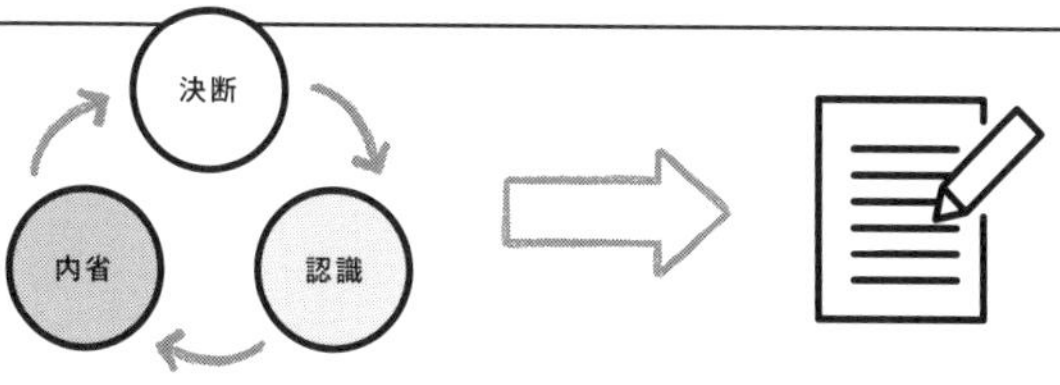

ワークショップの目的は「決断経験の言語化」。
書き出し、シェアすることで「決断サイクル」を回していく

上司に何か提案をしたとか、仕事に役立つ勉強を始めたとか、そういったものが次々と出てくるのかと思いきや、何があっただろうかと考え込んでしまい、ペンを止めてしまう人もいます。学生時代の決断経験がスラスラと出てくるのに対し、社会人の決断経験は思い浮かべるのもひと苦労……。なぜでしょうか？　これには2つの理由があります。

一つは、**決断経験が足りていない**こと。

たしかに社会人になって受け身で仕事をすることが増えて、自ら決断する機会がガクンと減ってしまったという人。

もう一つは、**決断経験を認識できていないだけ。**

結構さまざまな決断をおこなっているのに、自分で「決断経験をした」と認識していないから、「財産」として残らずに流れてしまっている人。**90％以上の人が後者の「決断経験を認識できていないだけ」**です。

会社組織にいると、主体性をもって何かを決断したと言い切れないため、決断したことを決断として認識していないのです。

このお客様にこういった提案をしました。これも素晴らしい決断経験なのですが、どうも気後れしてしまい、決断経験として書き出すことをためらってしまう人が多いようです。

決断した人＝ハンコを押した人（決裁した人）だと誤解していて、「一般社員の私が決断することなどない」と思い込んでいる人もいます。

稟議を承認することだけが決断ではありません。それを稟議にかけてもらおうと問題提起をしたり、何らかの提案をしたりしたことも決断経験なのです。

せっかくの決断経験を「財産」として自分の中に蓄積できていないのは、実にもったいないことです。

このワークショップの目的は**「決断経験の言語化」**です。

言語化することで、「思いのほか自分は経験を積んできている」と自信が芽生えるはず。と同時に、「もっと決断経験を増やしていこう」と今後の課題も見えてきます。

先ほど**「決断→認識→内省」**の**「決断サイクル」を回す**ことで決断回数が増えるとお伝えしましたが、**ワークショップでこのサイクルを回してしまおう**ということです。

社会人になってからの自分の決断経験に気づくこと。そして、日々の決断経験を意識し、認識すること。これこそが「決断サイクル」を回す第一歩です。

「認識」することで、おのずと「決断回数」も増えていくでしょう。

研修を「育成サポートツール」として活用

日本の大企業の多くは、社員研修をおこなっています。サイバーエージェントでも、社員研修を実施していますし、私自身、それは意味のあるものだと思っています。

ただ、私には、「社員研修を大事にしすぎている会社が多いのではないか」と感じられます。

大企業の人事担当者の中には、「研修で人を育てる」と考えている方も少なくないようです。「社員が研修漬けになっている」という会社もいまだにあります。

スポーツ選手は、研修だけでは育ちません。

技術や戦術、本番での心構えなどを教えてもらう機会は必要ですが、実際に選手の成長・強化につながるのは日々の練習や実戦経験です。

それと同じように、私たちの成長に不可欠なのは実戦経験です。

実戦経験とは、まさしくこの章で述べている「決断経験」です。

決断経験を多く重ねた人ほど、早く成長していきます。

なぜ研修だけで人が育たないのか。その理由は「決断」と関係があります。**研修には「決断」の機会がない**からです。

決断し失敗して責任を取らされることもなければ、数値化できるような成果も求められません（レポートの提出くらいです）。研修に出席した社員が「会社に言われて参加している」というような受け身状態だったとしても、人事担当者も上司も責めを受けることはありません。

自社で研修をおこなっている会社もあり、そのことは素晴らしいと思いますが、「研修＝育成」ではなく、**研修はあくまで育成をサポートするもの**と思ったほうがいいでしょう。

とはいえ、私は研修そのものを否定するつもりはありません。

活用の仕方次第で、**研修は人材育成のサポートツールになり得る**からです。

先ほど「決断サイクル」で、「決断」と同じく「認識」と「内省」も大事であることはお伝えしましたが、これらをおこなう助けになるのが、研修です。

・自分の決断経験を可視化・言語化し、他人と共有する
・同じ段階で悩み苦しむ仲間と一緒に、問題や解決方法を探っていく

こうしたことによって、「認識」と「内省」が深まります。

このように、**「決断サイクル」を回すために研修を活用することは、大きな意味があります。**

以前、サイバーエージェントの新任マネジャー研修で、マネジャーの重要な仕事である「成果を出す」ことに関する2つの問いを投げて、グループワークをしてもらったことがあります。

■成果を出す人は何がすごいか？

1．成果を出している管理職の名前をあげる
2．その人は何がすごいのか
3．その人は普段、何をしているか

■自分の成果を出す方法は？

1．やっていることをリストアップする

2. リストのうち、自分しかやっていないことは

3. リストのうち、メンバーとやっていることは

成果を出す方法というものはついついその人の中だけに埋没しがちで、シェアされることも少ないため、選択肢として増やしてもらおうというのが狙いです。

とりわけ、マネジャーになりたての頃は、「自分のやり方をメンバーに要求しがち」という罠があります。しかしこれもワークを通じて複数の成果を出す方法を知ることで、万一自分のやり方でうまくいかなかったときにも、すぐに軌道修正して試すこと

「決断サイクル」を回すために研修を活用する

成果を出す人は何がすごいか？

①成果を出している管理職の名前をあげる

②その人は何がすごいのか

③その人は普段、何をしているか

自分の成果を出す方法は？

①やっていることをリストアップする

②リストのうち、自分しかやっていないことは

③リストのうち、メンバーとやっていることは

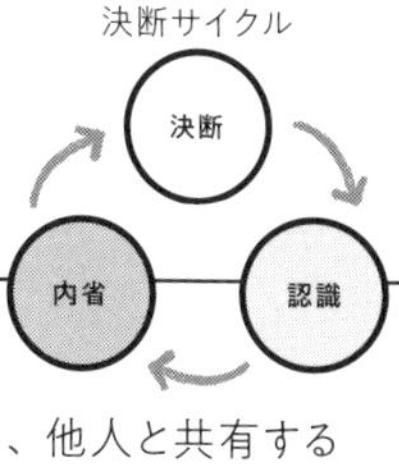

・自分の決断経験を可視化・言語化し、他人と共有する

・同じ段階で悩み苦しむ仲間と一緒に、問題や解決方法を探っていく

ができます。実際に、このワークはアンケートでも好評でした。

しかしこの研修も、研修を受けた本人が現場で活用しないと意味がありません。大切なのは、**研修で得た学びを実践すること**。失敗しようが成功しようが関係ありません。失敗したら、違うやり方に変えればいいだけのことです。

研修が次の決断経験につながることではじめて、学びと成長が生まれるのです。

週1の「振り返り面談」で内省を強化

次の決断をより良質なものとするためにも内省は欠かせないものだと書きましたが、メンバー一人で内省するのは難しいかもしれません。

そこで推奨したいのが、**週1回の「決断の振り返り面談」**です。**定期的にメンバーと面談やミーティングを設けて、決断経験をしっかり積み上げているかを一緒に確認する**というもの。

メンバーの「内省」をサポートするだけでなく、面談がメンバーからの報連相の場にもなるため、抜擢した側であるマネジャー（やメンターやトレーナー）にもメリットがあります。

「決断の振り返り面談」のやり方は次のとおりです。

金曜日（週末）に、207ページの「決断経験の振り返りリスト」を用いて「今週は具体的にどのような決断をおこなったのか」をメンバーが自分で書き出します。
そして、週明け月曜日の朝などに、そのリストを元に面談をおこないます。

例えば、ある販促プランの立案から実行まで、入社3年目のAさんを責任者として抜擢したとします。はじめての仕事で不安だと言うAさんに対し、上司のあなたは報連相として「週報を書いて報告してください」と言ったとします。

するとAさんは、何曜日にどんな出来事があったかしか書きません。

「水曜日　営業部とミーティング。議題は新商品の販促について」

そこで「『決断経験の振り返りリスト』に書き出してください」と伝えます。

すると、書く内容に変化が生じます。

「水曜日　営業部とミーティング。議題は新商品の販促について。
実際に必要な販促物の数を来週の月曜までに調べて報告する（ことを決断した）。
販促物の納期と、優先的に納品すべき先はないか、営業部のBさんに確認をお願いした（お願いするという決断）。議事録を作成して各部署にメールをし（これも決断経験）、次回ミーティングの議題について営業部に提案した（これも決断経験）」

面談では、このリストを元にAさんに話をしてもらいます。

上司「水曜日はいくつ決断しましたか？」

Aさん「そうですね……（リストを読み上げる）」

と、こんな具合に、水曜日のミーティングだけで4つの大きな決断をおこなったことがわかります。さらに、

「この決断経験でAさんが得た気づきは何ですか？」と上司が尋ねます。

するとAさん、「決断経験を意識したことで、『次に自分が何をすればいいのか』を常に考えて行動するようになりました」と話しました。

これこそが内省です。

このように**自身の決断経験を振り返ることには、とても大きな学びがあります。**

「経験から学ぶ」ことについては、経験学習の理論を構築した組織心理学の権威であるコルブは、経験学習は次のようなサイクルで回していくものだと説明しています。

まずは「具体的な経験」から始まり、「抽象的な思考」で経験の意味を問う中で「内省的検討」をし、最終的に「積極的な行動」に出る決定をする。（書籍『最強の経験学習』より）

決断経験を意識的におこなうことで気づきと学びを得て、さらに次の決断に活かすことができる。決断経験の量をおのずと増やすことができるだけでなく、**「この1週間でたくさんの経験と学びを得た」と自身の成長も実感できる**、まさしく一石三鳥です。

余談ですが、動画撮影のためにサイバーエージェントの役員にインタビューをしたところ、毎日だったり毎週だったり、**全員が何らかの形で定期的に振り返りをおこなっている**ことがわかりました。思い立ったときではなく定期的に良いことと悪いことを反省し、次につなげているのです。これを365日あるいは52週おこなっているかどうかで、1年後に大きな差になることは容易に想像がつきます。

成果を上げる人たちに共通する習慣が「振り返り」なのです。

ぜひ「決断経験の言語化」をおこない、決断の重要性と価値を肌で感じてもらいましょう。

同時に、日々の成長を上司と部下とで共有しましょう。

週１面談用・決断経験の振り返りリスト

今週、どのような決断をしただろうか。振り返ってみましょう

番号	【決断】いつ	何があったか	【認識】どのような決断をしたか	【内省】課題と次にするべき決断
1	水曜日	営業部とのミーティング	実際に必要な販促物の数を来週の月曜までに調べて報告する	月曜日に販促物の必要数を部長に提案する
2	水曜日	営業部とのミーティング	販促物の納期と、優先的に納品すべき先はないか、営業部のＪさんに確認をお願いした	月曜日にＢさんに確認し、優先順位を決める
3	水曜日	営業部とのミーティング	議事録を作成して各部署にメールした	火曜までに次回ミーティングの日程を調整しお知らせする
4	水曜日	営業部とのミーティング	次回ミーティングの議題について営業部に提案した	次回ミーティングで返事をもらう。提案がＮＯの場合の妥協案を用意し再提案する

決断を振り返ることで、次の決断のサイクルを回していける！

経営視点で決断すると爆発的に伸びる

大企業の役員の方で、たまにこういうことをおっしゃる方がいます。

「実は私は昔、海外の支社長をやっていたことがあるんです。事実上の左遷でしたけどね……」

自嘲気味でありながらも、こんなことを言えるのは、苦しい立場から這い上がってきた自信の表れなのでしょう。私はこのような話を複数の方から聞くうちに、こう思うようになりました。

「左遷された人は急成長しやすい」

これは決して、「左遷が必要だ」と言いたいのではありません。

海外の支社長や地方の支社長への就任は、本社の目も届きにくく、一国一城の主になるようなものです。そこではこれまで経験したことのない、経営視点の決断に迫られます。それこそまさに、その人の市場価値を高めるような**良質な決断経験**です。その良質な決断経験がほぼ毎日続き、**質・量ともに決断経験が増えることで、爆発的に成長していく**のです。

その人が本当の意味で「左遷された」かどうかはわかりませんが、本人にとって不本意な配属だった場合は、会社に対する反骨心もあるでしょう。ただ、その場合も反骨心そのものはきっかけの一つに過ぎず、成長に直接つながっているのは決断経験です。

日本企業の海外支社は、赴任者が一人だけという一人支社長になることも珍しくありません。そうなると、事務所の備品管理から勤怠管理、現地スタッフの採用など、すべて自分一人でやらなければなりません。不慣れで不便なことばかりでしょうが、その分自分の責任で一つひとつ決断していかないといけません。

サイバーエージェントで、若手に子会社社長を任せるケースが多いのも、**経営視点の良質な決断経験をたくさん積んでもらいたいという思いがあるから**です。子会社の立ち上げから始めると、お金の流れや人の動き、事業の意味など、全体を見た上で決断する機会に恵まれます。決断経験の質・量ともに変わることで、加速度的な成長を遂げる。経営者視点で得られるものは、新しいビジネス経験にとどまらないのです。

仕事の飽きは「決断欲求」のサイン

決断経験がいくら市場価値を上げて個人の成長を促すといっても、同じ決断を何回も繰り返しているとそのうち飽きがきます。そうなると注意が必要です。
その人の**決断による成長も頭打ちに**なってしまうからです。

例えば商品開発グループのあるメンバーが、毎月いくつかの企画の提案をしているとします。最初のうちは、何とか企画を通してもらおうと一生懸命アイデアを練っていましたが、そのうちどのような企画が通りやすいかがわかってきて、それほど頭を捻らずとも企画が通るようになってきました。企画を通すコツのようなものをつかんだのです。

効率の面で言えば、一見それはいいことのように思えます。成果も上げやすくなるでしょう。しかし一方で、マンネリになりかねない側面もあります。マンネリの中では、イノベーションも起こりにくく、画期的な商品やサービスやビジネスモデルの変更など、大きな決断が生まれてこない可能性もあります。

以前のような刺激も感じなくなると、その人はどうなるでしょうか。意識の高い人であれば、こう思ってもおかしくありません。

「自分はもっと大きな仕事がしたい」

「この会社では成長が感じられないから、転職したい」

これはもはや、**決断欲求が高まっている**にもかかわらず、新しい決断ができていない状態です。成長実感を得たい昨今の若手は、自分がより刺激的な決断のできる環境へ移っていくことでしょう。

今の決断に飽きている状態で新しく決断しても、それはもはや決断とは呼べません。どちらかというと、**ルーティン**のほうが近いかもしれません。

マネジャーはこうした同じ決断ばかりさせられている人材がいないかをチェックして、その人にどんどん決断させる必要があります。

また、メンバー自身の決断欲求が高まっている、あるいは満たされない、決断に飽きがきていると感じたら、次の振り返りワークをおこなってみましょう。

ポイントは**「次により大きな決断をおこなうとしたら、どのようなことをすればいいか」**を考えることです。

この振り返りワークを重ねることで、**「より大きな決断をおこなおう」**という発**想が生まれ、このことが急成長につながります。**チームへの影響度をより高めるには、より高い目標達成を実現するには、より多くの人を動かすような決断をおこなうには……。

こうしたことを考えていくうちに、自然と目線が一段上がり、**より大きな責任をもって次の決断ができるようになる**のです。

週1の「決断の振り返り面談」に、必要に応じてこうした質問を入れていくのもいいでしょう。大切なのは、「メンバー自身の成長実感があるか」を定期的に確認することです。

決断なのかルーティンなのか仕分けする

**1. 決断経験の振り返りリストを見直し、
「決断」なのか「ルーティン」
（以前も同じような決断をおこなっている）かをチェック**

**2. 「ルーティン」が多い場合は、
より大きな決断ができないか考える**

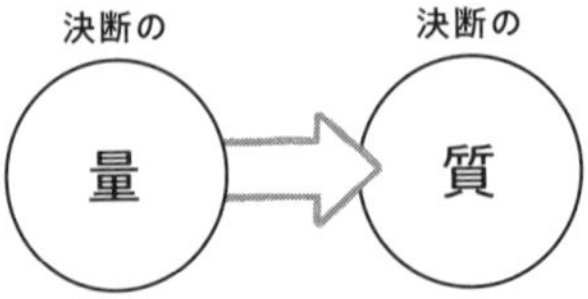

「決断」が「ルーティン」に
なっていたら質は上がらないので
気をつけたい！

抜擢と決断経験はセットで

この章では決断について述べています。

まとめとして、どうすればマネジャーやメンバーに新しい決断経験をしてもらえるかについても述べておきましょう。

意識の高いメンバーであれば、環境を変えてみたり、新しいチャレンジを始めてみたりして、**自ら新しい決断の機会をつくることができます。**

しかし最初からそれができるのはごく一部の限られた人だけです。大多数の人は、会社やマネジャーのほうから新しい決断の機会を与える必要があります。

ではどうすれば、決断の機会を与えられるのか。

ここで話は抜擢に戻ります。**新しい決断をおこなうためには、どんどん新しい抜擢をおこなわなければいけません。**抜擢されるほど決断することが増え、その人の決断欲求は満たされていきます。つまり抜擢した時点で、決断がセットでついてくるというわけです。

決断に飽きて辞められてしまう前に、どんどん抜擢して決断欲求を満たしてあげる必要があります。

この章では、決断経験を振り返ることが大切だとお伝えしました。

メンバーの決断経験を振り返った上で、「次の挑戦」は何か、考えてみましょう。

このとき、**「決断経験の内省掘り下げワーク」**（２１６ページ）が効果を発揮します。

２０７ページの「決断経験の振り返りリスト」に次の質問を加えるのです。

「（リストに書き出したことを）決断していなかったら、どうなっていただろう」

メンバー自身に書いてもらうのがベストですが、メンバーへの「次の挑戦は何か」という視点でマネジャーが考えてみるのもありです。

例えば、あるプロジェクトリーダーに抜擢したAさんが、「決断していなかったら部署間の意見調整が進まず、プロジェクトは頓挫しただろう」と「決断経験の内省掘り下げワーク」に書いてきたとします。

そこでマネジャーは気づきます。

「部署間の意見調整をおこない、プロジェクトを一歩前に進めるという決断経験はできている。次に挑戦すべきことは、プロジェクトの方針を立てることと、自分で立てた方針でプロジェクトを実行に移し、成果を上げることだ。となると、Aさんへの次の抜擢は『プロジェクトの立案から任せること』だ」

このように、「決断経験の内省掘り下げワーク」をおこなうことで、メンバーの成長と課題がよりクリアになってくるというわけです。また、前節で書いたような「同じ決断をおこなっていないか」「決断を装ったルーティンになっていないか」もチェックできます。

決断経験はメンバーの急成長を促します。

メンバーの急成長についていくためには、マネジャーが次の抜擢をおこなって、決断経験をどんどんバージョンアップさせていく必要があるのです。

決断経験がたまってくると、成長を実感でき、自信にもなります。

自信がある状態であれば、より大きな挑戦にも積極的に手をあげやすく、より成功もしやすくなっているはずです。

そこで、今よりもスケールアップした「抜擢」をおこなうのです。

決断経験の内省掘り下げワーク

決断を書き出すとともに、「もし決断していなかったら…」も想像してみましょう

番号	いつ	どのような決断をしたか	決断から得たこと（成功と課題）	もし決断していなかったら、どうなっていたか
1	2021年1月	リモート会議の運営ルールを決めた	ルール設定に対する反発もあったが、対応策を用意することで解決しそうだ	今までどおり、行きあたりばったりの会議となって話が進まず、追加のリモート面談が必要になる
2	2021年1月	上司との面談を申し入れ	プロジェクトの不安材料を面談で伝えることができたので、早めに手を打つことができた	すり合わせのないままプロジェクトを進めてしまい、上司とプロジェクトリーダー間の意見の調整に多大な時間を取られてしまう可能性があった

決断を振り返ることで、次の決断のサイクルを回していける！

コラム

SNSやブログを活用して内省する

第3章でお伝えしたとおり、**内省とは決断の振り返り**です。

決断して、それを認識したら、その決断がどうだったかを自分で振り返ります。

決断は迅速だったか、成果につながる決断だったか、決断したことで周囲にどのような変化があったか。次の決断をより良質なものとするためにも内省は欠かせないものとお伝えしました。

面談のほかに、内省するためのツールとしておすすめなのが、**SNSやブログ**です。私もアメーバブログにアウトプットしています。サイバーエージェントの人たち以外でも、スタートアップ企業の社長でSNSやブログを書いている人は多いです。

例えば、私は2020年の年始に、昨年を振り返って内省し、今年の抱負を「才能開花を実践する。2020年に注力すること」というタイトルで、ブログに書きました。

https://ameblo.jp/dekitan/entry-12564960154.html

これはまさしく、**内省の言語化**です。

誰かが読むことを前提に書くので、客観的かつわかりやすく内省したことを言語化しようとします。

伝える文章を書くことで、思考が整理されるのも、ブログの良い点です。

特に年始の内省は、過去の振り返りだけではなく、未来への「宣言」にもつながる、**次の自分への「セルフ抜擢」にもなる**のでおすすめです。

ブログには「才能開花のポイントは、抜擢・配置・決断経験」と書きました。

こうして書くことで、自分の頭の中にも常に「抜擢・配置・決断経験」という言葉が残ります。社内の人間からも「才能開花の実践が今年のキーワードなんですね」などと言われると、もう後に引けません。

決断経験という貴重なアウトプットを、他の誰かと共有するというのは、当の本人はもちろん、読む人にとってもメリットがあります。

なぜなら、ブログを読んだ人も、間接的に「決断経験」を追体験できるからです。

社外ではなく、**社内イントラネットなどの社内媒体を通じての発信**というやり方もあるでしょう。

書く人と読む人、双方にメリットのある内省ブログ、上手に活用してみるのも一つのアイデアです。

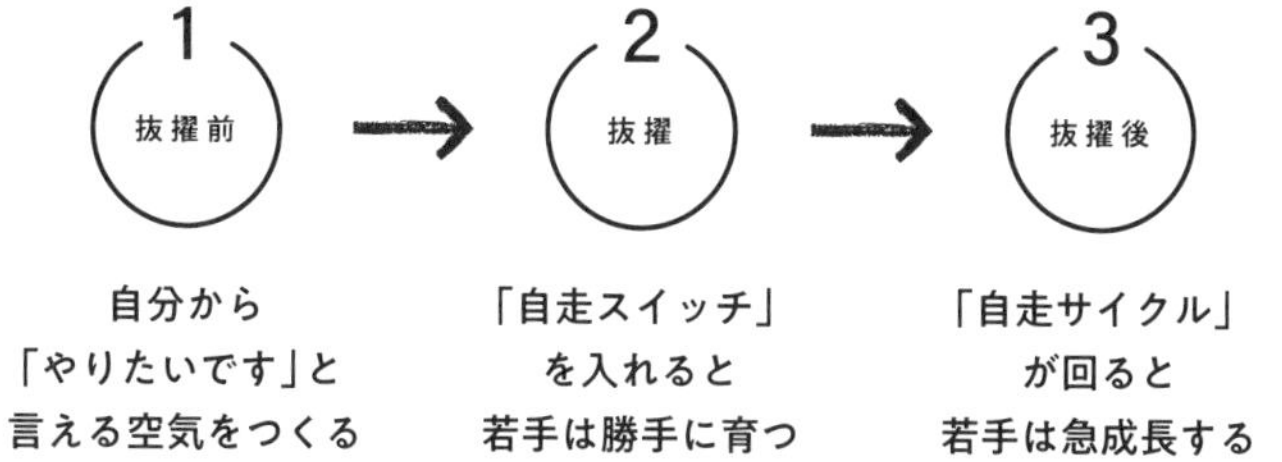
1
抜擢前
2
抜擢
3
抜擢後
自分から
「やりたいです」と
言える空気をつくる
「自走スイッチ」
を入れると
若手は勝手に育つ
「自走サイクル」
が回ると
若手は急成長する

第4章

失敗—「成長のプロセス」ととらえる

成功するために不可欠な要素である「失敗」を
経験値に格上げし、仲間と共有するためには

失敗がなければ成長もない

誰しも失敗はしたくないものですが、ほとんどのチャレンジには失敗がつきものです。
失敗はするものである。
これが「自走サイクル」の中に「失敗」が組み込まれている理由です。

ビジネスにおいてはなおさらで、一度も失敗せずに成功したという経営者の話は聞いたことがありません。むしろ、成長企業の経営者は最初から失敗ありきで物事を考えています。
「失敗は成功の母」というように、**一つひとつの失敗は成功するために不可欠な要素なのです。**

サイバーエージェント社長の藤田は、入社式で300人の新入社員に対し、失敗の重要性について話をしています。ここにその一部を引用しましょう(2019年入社式)。

（新入社員の）皆さんには「No Pain, No Gain」という言葉を贈りたいと思います。楽をして得られるものは何もなく、仕事で辛いことがあったり、大変なことが起こるほど、自身にとってのキャリアアップであり、成長につながります。

私（藤田）自身も45歳までキャリアを積んできていますが、一つの武器は逆境においてもメンタルが強いということ。

「もともとメンタルが強かったのか」とよく聞かれるのですが、まったくそんなわけではありません。非常に辛い目に遭うと、それ以上に辛いことが起きない限りは、それ以下は平気になってくるんですね。要はメンタルが鍛えられているということ。

「No Pain, No Gain」という言葉を辛いときに思い出し、自分の成長の糧になっていると思ってもらいたいです。

社会人の一歩を踏み出す入社式で、藤田はあえて「私も失敗を通じて成長している」という話をし、この先の長いキャリアにおいて自己成長のための失敗を恐れないでほしいというメッセージを発信したのです。

イノベーションを起こすには必ずリスクがつきまといます。成功の裏には、多くの失敗の積み重ねがあるのです。

失敗という言葉をネガティブにとらえてしまうと、イノベーションは起こりません。抜擢する側もされる側も**「失敗は成長のために必要なもの」という共通認識を持つことが大切**です。そうすれば、リスクを取ってチャレンジすることがもっと身近になります。

本章では失敗について扱いますが、読み進めるうちにこの2文字に対するネガティブなイメージは消えていくと思います。

「失敗」は経験の一部だから成長に欠かせない

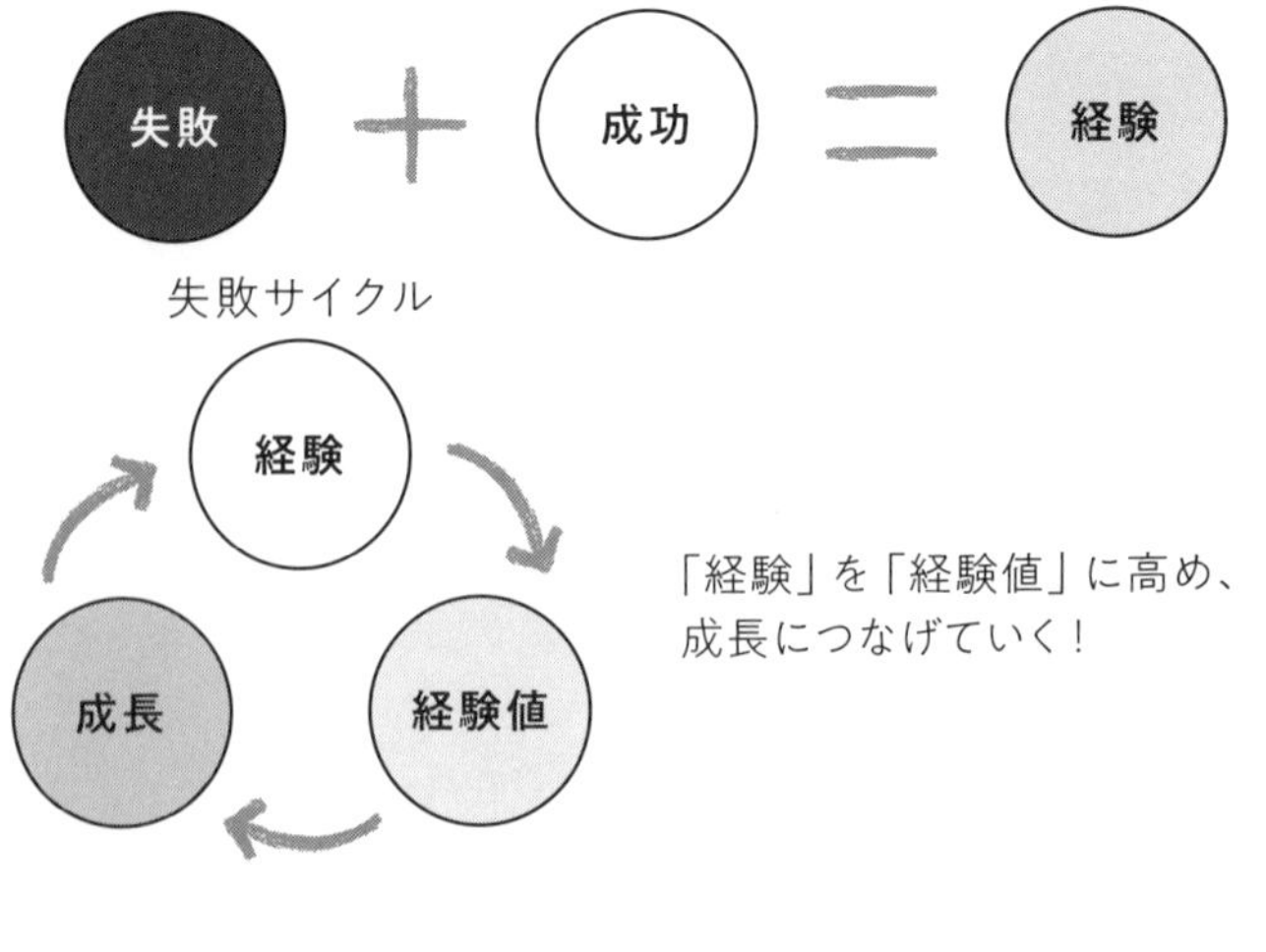
失敗
成功
経験
失敗サイクル
経験
経験値
成長
「経験」を「経験値」に高め、
成長につなげていく！

抜擢に失敗してしまったら

話が戻って恐縮ですが、第1章で紹介した「自走サイクル」の最初のステップ、「抜擢」について補足させてください。

抜擢を積極的におこなうサイバーエージェントでも、失敗は珍しくありません。

例えば、若手を子会社社長に抜擢するところまではよかったものの、半年くらいで本人が「ちょっとこのプロジェクトは難しい気がします」と、成果が出る前に白旗を揚げてしまうケース。本来はそこで軌道修正すればいいのに、「本人のプライドが高すぎる」「完璧主義から抜け出せない」などの理由でそれができないというケースはゼロではありません。まだその事業が成功したとも失敗したとも決まっていないのに、「この事業モデルはうまくいかない」と決めつけてしまうと、成長も成果も中途半端なところで止まってしまいます。

この場合の責任は、抜擢された本人にはありません。
責任は抜擢した側（上司や人事部）にあります。
つまり、自分たちの**「抜擢の失敗」を認めないといけません。**

ただサイバーエージェントの場合は、こうした**「抜擢の失敗」はありえるものだという**前提で抜擢しています。失敗は失敗だけれど、それは織り込みずみ、というスタンスです。必要以上に、上司も部下も、責めを負う必要はありません。

本人の適性を考慮するやり方であれば、「最初から軌道修正できる人を選ぶ」「プライドが高すぎない人を選ぶ」「簡単にあきらめない人（前に「逃げなそう」と表現しました）を選ぶ」といった判断基準もありますが、それ以外の人はダメというわけではありません。実際にはそれ以外の人でも成果を上げることがありますし、適性の評価がそもそも間違っていることだってありえます。

「抜擢に失敗したくない」という抜擢側の気持ちもわかります。
抜擢に失敗すると、「どうして実績も上げていない若手をそんな立場でやらせたんだ」と、責任を追及されないとも限りません。若手社員を抜擢する人事担当者や、部下を抜擢する上司は、批判を受けて社内評価を下げてしまうこともあるでしょう。

しかしそれが常態化すると、誰も社内で抜擢したがらなくなります。失敗して評価を落とすより、抜擢をおこなわずに自分の今の立場を維持したいと考える人もいるでしょう。ただこれでは成果と成長の上限に蓋をしてしまい、**個人も組織も衰退していくばかり**です。

冷静に考えると、**抜擢に失敗するリスクは一時的なものに過ぎません。**

それよりも抜擢しないことによるリスクがこれからは大きくなることを念頭に置くべきです。抜擢への評価も、「抜擢しないこと」が抜擢することよりも高くなってしまわないよう、注意が必要でしょう。

それよりも大切なのは、**「抜擢して失敗した後に、何をするか」**です。

決断も失敗するのが当たり前

第3章で紹介した「自走サイクル」の2つ目のステップ、「決断」についても同様のことが言えます。

抜擢されたメンバーが失敗するのは、決断するときです。

メンバーの決断もまた、失敗するのが当たり前です。

しかし先ほどのマネジャーによる抜擢の失敗と同様、メンバーも「失敗して当たり前」という意識を最初は持ちにくいものです。経験が浅いメンバーは特に失敗を恐れやすく、決断に余計な時間をかけてしまいます。そうなると当然、決断のサイクルを回すまでにも時間がかかり、決断の質はいつになっても上がらないままです。

ですので、事前に「(決断は)失敗してもいいんだ」というメッセージを伝えましょう。

マネジャーがメンバーの提案などについて「ああ、これは失敗する可能性のほうが高いだろうな」と思ったときは、どうすればいいのでしょうか。

あえて見て見ぬふりをして、失敗させていいのでしょうか。

おすすめは、**対話の中でシミュレーションさせること**です。

メンバーが「Aという方法でやってみたいと思います」と決断したとします。

マネジャーはそこで「Aでは失敗するからBにしたほうがいい」などと答えやアドバイスを告げるのではなく、質問を投げかけるのです。

「Aという方法でやってみた場合、どんな状況が起こりうるかな？」

うまくいった・いかない、両方のパターンを考えさせるのです。

より具体的に、

「Aの方法でやってみた場合の、流れをシミュレーションしてみよう」とか、

「もしAで進めると、クライアントからこんな要求がくるかも。そのときどうする？」

などと、メンバーと一緒に予行演習をするのもいいでしょう。

自分で考えるのがまだ苦手な若手や、失敗することを極端に恐れるタイプのメンバーには特におすすめです。こうしたシミュレーションをおこなうことで、自分の頭で理解し、いく

つかの選択肢がある状態で決断できるので、メンバーが自信を持って動けるからです。また、マネジャーとの対話を経て決断すると、この先何か起こったときにも、すみやかにマネジャーに相談できるという安心感がメンバーに生まれます。このように**メンバーが自信を持って決断するためのサポート**は、どんどんおこなっていきましょう。

第3章で述べたように、まずは**決断を経験する**こと、そして**スピード**にこだわるべきことです。仮に間違ってしまっても、「決断→認識→内省」の決断サイクルを回しながら**決断の質を高めていけばいい**のです。

中には、「そう言われても決断の責任は自分にあるし……」と思ってしまうメンバーもいることでしょう。決断という言葉を「自分が責任者になること」と定義したように、責任感が強い人ほど、そのように考えるのは自然なことかもしれません。

しかし**決断の失敗で責任を取る必要はありません**。

代わりに、「自走サイクル」の失敗の次のステップである**「学習」に進めばいい**のです。

「責任を取ってリーダーを辞めたいと思います」で終わらせてしまっては、せっかく抜擢した企業にとっても大きな損失です。本人とチームの「自走サイクル」が止まってしまうのですから、両者の成長もそこでストップしてしまいます。

若手社員に望むことは成功でも失敗でもなく、成長です。

それも早くて大きな成長です。

成長を第一に考えれば、**決断の失敗は成長の種**と考えることができます。

私の好きな本『ビジョナリー・カンパニー』の中に、次のような言葉があります。

「大量のものを試して、うまくいったものを残す」

失敗していいから、可能性のあるアイデアを大量に試し、そこから成功したものだけを残していけばいい、という考えです。

「曽山さんも失敗するんですね」と言われることがありますが、私自身、過去にさまざまな失敗を経験しています。

2003年の人事制度改革をおこなった際は、7、8個の施策をおこないましたが、今でも残っているものは「新事業プランコンテスト」と「社内異動のキャリアチャレンジ制度」の2つだけです。

この失敗については「新R25」や私の動画でもお話ししています。失敗があったからこそ成功できたと言えるので、包み隠さず「しくじりエピソード」を披露しています。

もっといえば、サイバーエージェントという会社そのものが、大量の失敗によって、それ以上に大きなチャレンジの機会を手にしています。

2011年、サイバーエージェントは、会社全体をパソコンからスマホ向けサービスに大きく舵を切りました。当時は「スマホ変革」と呼ばれ、2年で100個のスマホサービスを開発し、広告営業の部門から200名弱を新規事業のスマホサービスに抜擢や異動を強制的におこないました。

実は、アプリ自体は、今も生き残っているものはほとんどありません。

それだけ見れば大失敗です。

しかし、その中でヒットしたアプリが誕生し、「スマホ変革」以前は会社全体の1、2割程度の売上だったものの、スマホ部門の売上は80%以上になりました。

人材も含め、大量にリソースを投下したからこそ、大きな結果をもたらしました。**失敗なくして成功なし**、と言えるでしょう。

この「変革」という経験が、2016年のABEMAで大いに生きているのです。

当時、スマホサービスの開発に関わった人がＡＢＥＭＡに関わることになり、スマホのときの失敗者たちが「次こそは」と大きなチャレンジをしています。

会社としては、２０１１年に、すでにパソコンからスマホへ**「主戦場をずらしてチャレンジする」という大きな経験値を得ています**ので、ＡＢＥＭＡへのシフトはスマホのときよりはスムーズかつスピーディーでした。

こうした事例からも、**決断の失敗は成功の1プロセス**だととらえることができるでしょう。成功の要素に必ず失敗がある。そして成功の裏には大量の失敗があり、失敗と成功は表裏一体である。だから失敗して当たり前なのです。

失敗を学びに変えていく方法については、第5章で説明したいと思います。

「失敗サイクル」を回して経験値に格上げさせる

失敗を失敗で終わらせないためには、そこで得た経験を**「経験値」**という自らの**財産にしていくことが重要です。**

第3章で**「決断→認識→内省」**という**「決断サイクル」を回す数が増えるほど、決断の質が上がる**というお話をしました。

失敗も同じで、**「失敗→認識→内省」**という**「失敗サイクル」**を回すことで、失敗経験を**「経験値」に格上げさせることができる**のです。

「失敗サイクル」は自分の失敗を失敗として認識することから始まります。

できれば直視したくない、**つらく苦しい経験だからこそ、強烈に認識して受け止めることが大事なのです。**強烈に認識することで内省が進み、そこから学びが生まれます。失敗から学んだことは、そのまま自分の財産になり、次への成功につながっていきます。そして、**失敗から学びを得た人間は確実に成長します。**

失敗と向き合える人であれば問題ないのですが、はじめての挑戦で失敗したときなどは、ショックのあまり事実を受け入れられない人もいるでしょう。このようなときは、マネジャーやメンター、トレーナーなど抜擢した側の人間の出番です。

経験を経験値にしていくというプロセスにおいて、**失敗とちゃんと向き合えるよう、しっかりとサポートすることが抜擢した側の責務**と言っても過言ではありません。

「失敗サイクル」を回せば経験が「経験値」になる

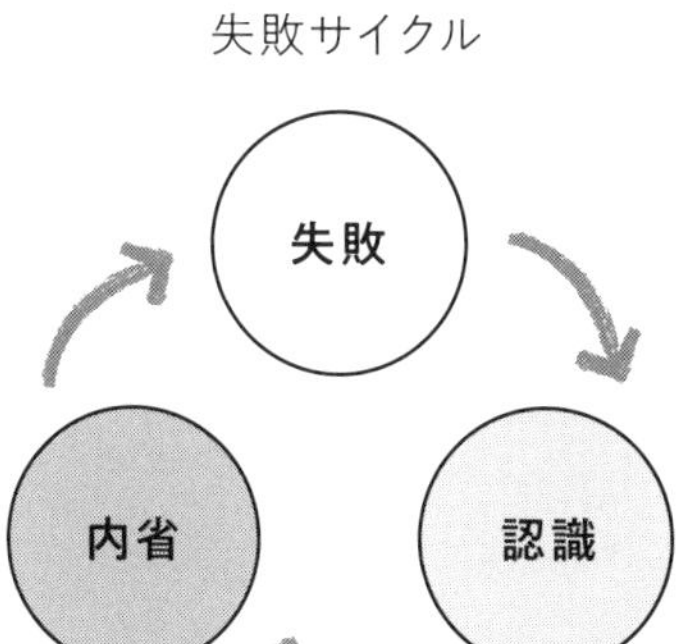

失敗から学びを得た人間は確実に成長する！

実は、**失敗を経験した人は、次に活躍する可能性が非常に高い人でもあります。**

ただし、活躍するポテンシャルがあるにもかかわらず、周囲の人たちがその可能性の芽を摘んでしまうおそれもあります。

具体的に、失敗サイクルを回す・回させる方法については、次節でお伝えします。

挑戦した敗者にこそセカンドチャンスを

失敗がいくら財産になるとわかっていても、人間ですから、失敗を受け止めるのに時間がかかることがあります。

「どうしてあんな失敗をしたんだろう」

「もっとこうすればよかったんじゃないか」

ここまでは失敗を振り返る意味でもいいことなのですが、

「自分にはマネジャーは向いていないのではないか」

「取り返しのつかないような失敗をしてしまった」

と自信を完全に失ってしまうのは問題です。

人材のイノベーションが起こる前に、その人材がつぶれてしまいます。

そこで、「抜擢された人が挑戦に失敗してもやり直せる」というセーフティーネットを張っておく必要があります。

具体的には**「セカンドチャンスを与える」**ことです。

サイバーエージェントでは、**「挑戦した敗者にはセカンドチャンスを」**と、**ミッションステートメントで明言しています。**

言葉にすることで、セカンドチャンスは会社と社員の約束になります。言葉にしておかないと、「本当にまたチャンスをもらえるのかな？」「相当有能な人じゃないと二度目のチャンスはないだろう」と疑心暗鬼になり、抜擢された人は決断することを恐れてしまうでしょう。**セカンドチャンスの約束**をしていなければ、文化や風土にはなりません。

挑戦する人にとって、セカンドチャンスがあるかないかはとても重要です。

社長の藤田はネット媒体の取材で「ＡＢＥＭＡは三度目の挑戦」と語っています。

「創業したころからメディア企業になりたいと思っていて、最終的には動画が本命になるという思いがありました。過去にもメールビジョン（２００２年）やAmebaVision（２００６年）など、何度も動画にチャレンジしてきましたが、（スマホ普及や動画サービスの浸透によって）『ここが勝負どころだ』と思い、AbemaTVに賭けたということです」

（CNET Japan ２０１６年4月29日）

失敗はして当たり前、次のチャンスが来れば果敢に何度でも挑戦するという考え方が組織やチームに浸透すれば、メンバーも恐れずに決断を重ね、失敗しながら成長できるでしょう。

また、私は「**新規事業を生み出す風土の3つのポイント**」として次の3つを掲げています。

1. 提案しやすい風土
2. 障害を取り除くしかけ
3. 失敗を許容する文化

1と2は抜擢の話につながるものですが、3はまさしくこの章でお伝えしたいこと、**失敗したとしても再度チャレンジできる文化が会社にある**ことです。

新規事業は失敗の連続です。そのようなプロジェクトに果敢に挑んでいく人材を生み出すためには、失敗を許容する、いやそれどころか歓迎するような風土が会社にあることが大切です。

失敗経験という貴重な「財産」をシェアする

第3章のコラムでスタートアップの経営者がブログに書いて内省すると書きました。撤退したビジネスやマネジメントなどで失敗したことについて、ある程度時間が経ってから発信している経営者のブログやSNSをよく見かけます。書く側にとっては言語化することで棚卸しができる、社員に間接的にメッセージを届けられるといったメリットがあると思いますが、社外の読者にとっても**貴重な学び**になります。

サイバーエージェントが具体的にやっている取り組みを一つ紹介します。

社内報です。

社内報に**「ヒストリエ」**というコーナーがあります。

これは**撤退したプロジェクトの当事者にインタビューをして「なぜ失敗したのか」を語ってもらう**というものです。

プロジェクトの失敗は会社の財産です。後世に残すべきであり、文字に落として伝えていくべき、貴重なケーススタディなのです。

だから全社員で共有できるよう、社内報に掲載しています。

今まで何十ものプロジェクトを取り上げました。インタビューに登場する本人は、しゃべるだけで過去の経験を棚卸しできますし、**後輩たちは記事から緊張感のあるリアルな現場の様子を感じ取り、ともに失敗から学ぶことができます。**会社としても、失敗をノウハウとして共有する文化があることを、記事を通して発信でき、メリットしかありません。

このインタビューには、もう一つ狙いがあります。

「ヒストリエ」に登場する人は、失敗からある程度時間がたっているので、自らを振り返って話せるくらいの余裕がある状態、**つまり内省が終わった段階でインタビューに答えています。**そのため、経験を「経験値」として格上げできていて、読み手にとって学びの多い話ができています。

それだけではありません。

自らの失敗を語っている撤退プロジェクトの当事者が、今、別のプロジェクトや仕事で活躍している人物である点もポイントです。

「ヒストリエ」は、**失敗を語ってもらうことで、間接的に「セカンドチャンスの成功例」の紹介になっている**のです。

社内報を目にした若手は、「あの活躍している○○さんが！」と、出てくる人の名前を見てまず驚きます。

そして、「社内外の評判がいい○○さんが、過去にこんなふうに失敗していたとは！」と二度驚きます。そして、失敗してもちゃんと今も活躍している先輩がたくさんいることがリアルにわかり、**「失敗していいんだ」と理解する**のです。

セカンドチャンスの事例を見せるという意味で、失敗したケーススタディを残し、共有するというのはとても有効です。

サイバーエージェントでは、トップが積極的に失敗談をオープンにし、あちこちでその話を共有しています。

前にも登場した専務の石田裕子は、「2社撤退で10億円の損失」というエピソードを日経xwomanのインタビューで話しています。

同じく、専務の飯塚勇太も、子会社の新規事業転換で失敗して、資金繰りに窮したという失敗経験があります。本社に1億円の融資を申し入れたところ「何の実績もないのに出せない」と融資を断られてしまったのです（本人いわく「子会社での新規事業の小さな成功で天狗になっていた」ので甘く見ていたとのこと）。

どうにか目先の運転資金の３０００万円だけ調達できて、そこから事業がうまく立ち上がり、現在3社の会社の社長をやっています。失敗を次の成功に変えた話ではありますが、本社としては、３０００万円は安い投資だったという言い方もできます。

最後に、私、曽山の失敗経験も。

営業のトップだった時代に、お客様との言った言わない問題で1億円の損失を出すという苦い大失敗を経験しています。

私自身がトラブルを起こしたにもかかわらず、会社はお客様に寄り添いながらも、私にもセカンドチャンスをくれました。あの失敗経験が私に与えたものは、会社への感謝と助けてくれた仲間を絶対に裏切らないという誓い、そして、常にお客様に誠実であろうという不退転の決意でした。失敗経験は、このようにプライスレスの価値を生み出すこともあるのです。

上司や先輩が失敗を積極的に話すことで、若手が自己開示できるようになるという大きなメリットもあります。**若手の失敗は、プライドが邪魔して人の力を借りられなかったことが原因である**ケースがほとんどです。

上司の新入社員時代のそうした失敗談を聞けたら「上司も自分も同じことをやっていたんだな」と若手が気づき、恥をかくことはこわくないと理解するでしょう。

ただ単にケーススタディとして失敗経験を共有するだけではなく、**若手のメンタルブロックを解くという点でも、失敗経験をシェアすることには意味がある**のです。

新卒2年目で子会社社長になった、ある若手の話です。

社長になったばかりの頃は担当役員とのコミュニケーションに苦労していると悩んでいました。

ところが、その半年後に話を聞くと「今は全然問題ありません、大丈夫です」とのこと。

よくよく話を聞いてみると、次のような言葉が出てきました。

「やはり今になって振り返ってみると、自分が役員や周りの人たちに対して寄り添っていな

かった。プライドがあって未熟だったなと思います」

若手の口からこのような言葉が出てきたら、もう心配はいりません。

すでに**失敗を経験値にして、自ら成長している証拠**だからです。

部署内の報告会や勉強会などを活用して、定期的に失敗経験をチームで共有することをおすすめします。

失敗経験ネタの例

- □ **新入社員時代のやらかし**
  共感、誰もが通る道
- □ **プライドが邪魔して失敗した話**
  自分もそうかもという気づきが得られる
- □ **成功したプロジェクトの最大の危機**
  成功と失敗はセットの好例
- □ **仕事における「最大の失敗」**
  それでも今がある。学びがある

リーダーが「失敗経験」を語ることは
チームにプライスレスの価値をもたらす！

「ねぎらい」で、次は成功する人になる

失敗を許容する風土でセカンドチャンスを与えられた人間は、高い確率で成功します。

社長の藤田は、

「失敗者は、挑戦した結果で失敗しているから、ちゃんとねぎらってね」

と折に触れて私に話します。


この、**「失敗者をねぎらう」**が本当に大切で、失敗者をねぎらってしっかりと良い環境を提供すれば、全員成長しますし、次は成功する人になるはずです。


失敗者をねぎらう場として、私は**「ねぎらい面談」**を活用しています。

先ほどのような、撤退プロジェクトのリーダーの場合。

撤退したプロジェクトのリーダーは、みんな、くやしそうな顔をします。

そのようなリーダーには、**1.「お疲れ様でした」とねぎらいの言葉**をかけます。

そして**2.「チャレンジしてくれて本当にありがとう」**と、チャレンジしたことに対する感謝を伝えます。

「この事業がうまくいかなかったとしても、チャレンジする姿を見せてくれたことが周りの人にとっても勇気になっている、私も俺もやろうという人が出てくると思う、ありがとう」

まずは**ねぎらい**と**感謝**を伝えます。

ここまで伝えてから、チャレンジから学んだことを聞き出します。

例えばスタートして2年で撤退した場合、

3.「この2年間（プロジェクト実行期間）で良かったこと、得た学びは何か（ポジティブな経験）」

4.「逆に、壁にぶつかった原因はどのあたりだったか（失敗の分析）」

5.「次に、このプロジェクトをやるとしたらどうするか（改善点）」

という具合に、これまでのプロジェクトについて振り返りをおこないます。

そして、必ず、

6.「今後どうしていきたいか（未来）」

を確認します。

異動先が決まっていない場合には、

7.「サイバーエージェントで何をやりたいか（未来のキャリア）」

を聞きます。

面談のポイントは、学んだことや得たことなど、**ポジティブな話から聞く**こと。

面談というと、本人は「怒られるのかな」「批判されるのかな」「何らかの責めを受けるのではないか」と、緊張して臨む人がほとんどです。

そこで、**最初にポジティブな点を聞き出し、それらを認めてあげて「それは財産だよ」としっかり言ってあげることが大事**なのです。

失敗から成長するための「ねぎらい面談」のやり方

ねぎらい	・お疲れ様でした ・よくがんばったね
感謝	・チャレンジしてくれて本当にありがとう （チャレンジへの御礼）
振り返り	・学びや良かった点 ・ぶつかった壁（失敗の分析） ・次やるとしたら（改善点）
未来	・今後どうしたいか ・キャリアについて

最初は「ねぎらい」の言葉から入るのが重要！

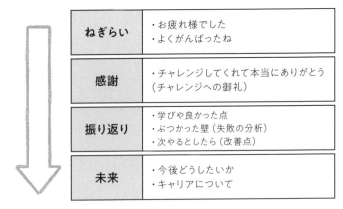

「失敗も含め、すべてが財産である。すべての経験に価値がある」と、受け止めることができれば、とらえ方も変わります。

何より、**ポジティブとセットだと、失敗も話しやすくなる**のです。

これは、普段の上司と部下の面談にも使える手法です。

失敗者には「やりたい仕事」をやってもらう

失敗者を左遷するといった会社もあると聞きますが、サイバーエージェントの場合、まったく逆です。意外だと思うかもしれませんが、**基本的には本人がやりたいと思っていることをやってもらうというのが鉄則**です。

なぜなら、基本的にやりたいことをやらせてもらえるとなると、反骨心やくやしさを持ってリベンジしようとがんばるからです。おそらく、やりたいことをやらせてくれる会社に対し、恩義を感じる人もいると思います。

そして、ほとんどの人が新しい部署でいっそう努力し、活躍します。

結果、**セカンドチャンスから成功体験を積み重ね、いち早く成長していく**のです。

先日、ある若手と面談しました。

入社してそれほど経たないうちに会社を立ち上げたのだけれども、3年以内に撤退が決まってしまったという人です。

このときに彼が語っていたのは、次のようなことでした。

【良かった点】事業をつくることのおもしろさ（大変だったが、おもしろかった）

【ぶつかった壁】ユーザーに向けてサービスをつくることがいかに難しいかを強烈に感じた。自分がつくりたいものをつくるのは簡単だけれども、そのことばかりにこだわってしまったと反省

【次にやるとしたら】ユーザーの声をもっと聞く。それだけでなく、自分のアイデアをもっとユーザーにぶつけるべき。それができず頑固だったと自己分析

【今後どうしたいか】足元できちんと成果を出して、また新規事業に挑戦したい

入社して数年で「自分は頑固だった」と冷静に自己分析をし、自分の現在の課題と次のチャレンジが明確になっているのです。

このように、早い段階で失敗を経験している人は、成長も早いのです。

失敗した人を元の部署に戻す理由

　メンバーの決断は失敗しても、次の「学習」に進めるので問題ないと述べました。では**マネジャーがおこなった抜擢の失敗は、どう考えればいいのでしょうか。**

　これも答えは簡単です。抜擢に失敗した場合は、抜擢した人材を元のポジションに戻せばいいのです。

「元に戻したらプラマイゼロ。時間が無駄になることを考えれば、むしろマイナスでは？」

　そのように思われるかもしれません。

　しかし、ここまで読んでくれた皆さんなら、もうおわかりだと思います。

　抜擢された本人にとっては、失敗が大きな経験として残り、人間的にも成長しているはずなので、短期的にも中長期的にもプラスです。その人は抜擢されたことで、これまでにない経営的な視野を持つことができ、同じポジションに戻ったとしても、以前よりも大きな成果を上げやすくなるでしょう。そこでまた経験を積んでもらい、また**時がくれば再び抜擢すれ**

ばいいのです。

大事なのは**組織の柔軟性**です。誰かを抜擢して失敗したら、その人を元のポジションに戻し、新しい別の人を抜擢する。抜擢を特別なものとしてとらえるのではなく、当たり前のこととしておけば、抜擢される側も、外される側も、余計なプレッシャーや敗北感を味わうことはありません。

もちろん、前提として、先ほどお伝えした「セカンドチャンス」が保証されていなければなりません。そうすることで、社員は失敗してポジションを元に戻されたとしても、経験したことを前向きにとらえることができるのです。

繰り返しますが、大きな経験を得て戻ってきた人は、次こそはと成果を出します。そうなるよう、ポジティブに迎えることがマネジャーの役目なのです。

リスクではなくリターンで考える

投資の世界では、高いリターンを求めるほど、高いリスクが生じます。

人材の世界も同じです。**大きな成長と成果を手にするには、ハイリスク・ハイリターンしかありません。**

失敗を恐れると、抜擢も決断もできませんが、飛躍的な成長と圧倒的な成果を得るための「必要不可欠なプロセス」ととらえると、早くやったほうがいいと理解できるはずです。しかも、「伸びしろ」ベースで考えれば、新入社員のほうが、ハイリターンが得られますし、早い段階で決断経験が得られるという点でもメリットが大きいでしょう。

サイバーエージェントでは、若手社員にも大きなチャンスがあります。

アイデアと行動力さえあれば入社年数は関係ありません。

入社したばかりのある社員が、大きな予算の案件を受注してきたこともあります。普通なら中堅やベテランのエース社員を投入するところかもしれませんが、彼女がもともといい提案をしていたのでプレゼンターに抜擢したのです。もし失敗していれば、大きな仕事を逃していたかもしれないのでハイリスクではありましたが、この経験をしたことで**彼女は1年目ながら爆発的な成長を遂げました。**

今もし、上司のあなたがどうしても失敗できない大きな仕事を持っているなら、それは**部下を爆発的に成長させるチャンスカードを持っている**と言えます。

予算としては絶対に獲得しないといけない、**チームとして失敗は許されないくらいのハイリスクの仕事を部下に任せれば、ハイリターンが見込めます。**

「どうせ失敗しても、たいしたダメージはない」という仕事より、**「失敗の許されない一大プロジェクト」のほうが任せる側も任せられる側も、覚悟がいります。**

部下が本気で大きな仕事に取り組み、たくさんの決断経験と、時には失敗とリカバリーを重ねていく。そのサポートをすることで**急成長するのは上司のほうかもしれません。**

優秀な上司ほど、何でも自分でやってしまいがちです。

そこをグッとこらえ、部下に任せ切る。必要に応じて、適切なタイミングで、最小限のサポートをおこなう。あとは部下を信じ、自分が今できる「より大きな挑戦」に取り組むのです。このことで、**上司と部下の双方がチャレンジしている姿を、チーム全員に見せることができます。**

このプロジェクトを部下が成功させれば、部下は劇的に成長して、その後もチームに大きな成果をもたらしてくれるはずです。

そして部下を大抜擢した上司である、**あなたの評価も上がる**でしょう。加えて、あなた自身が挑戦した新しい仕事も成功すれ

ハイリスク・ハイリターンの抜擢で若手は急成長できる

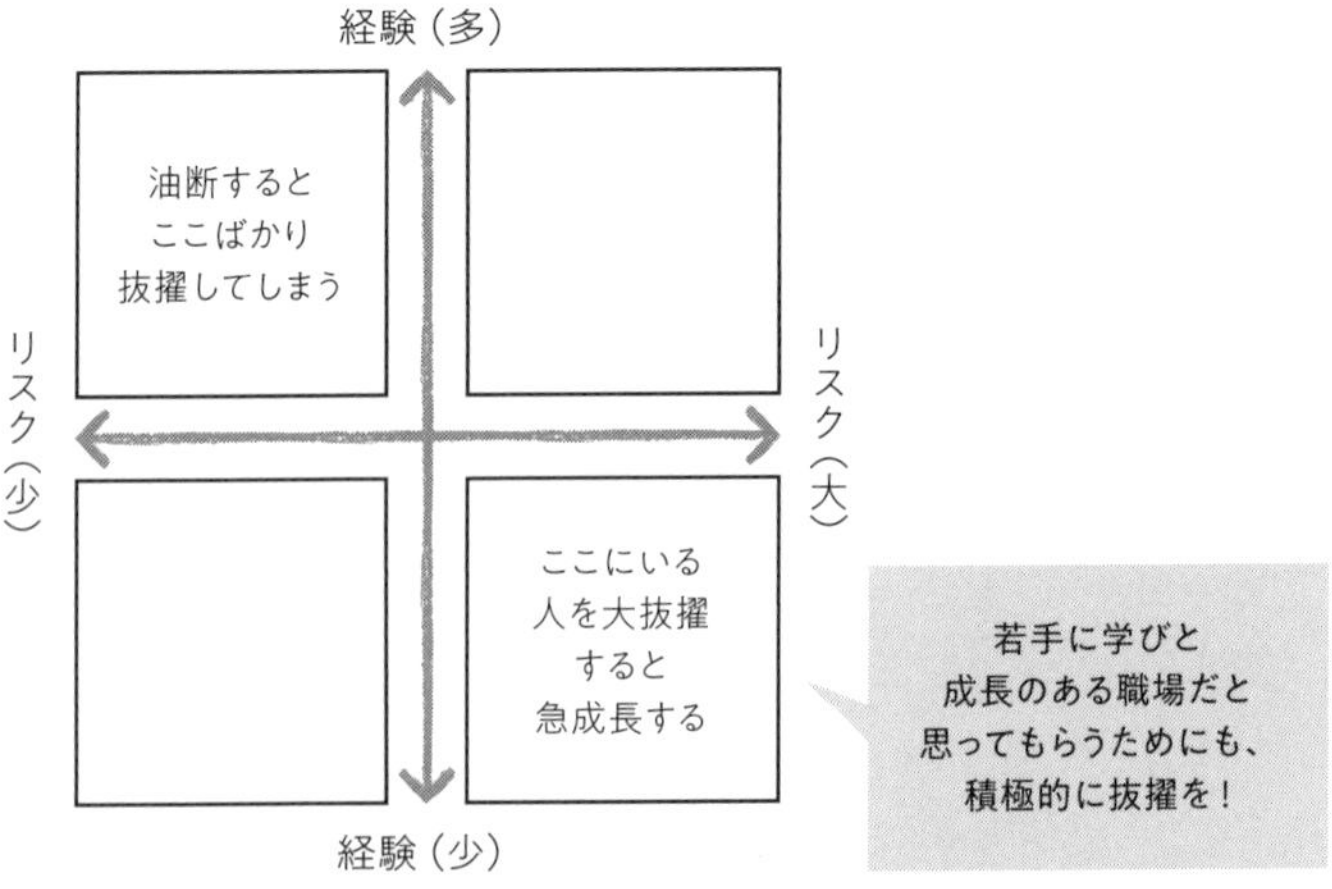

経験（多）
経験（少）
リスク（少）
リスク（大）
油断すると
ここばかり
抜擢してしまう
ここにいる
人を大抜擢
すると
急成長する
若手に学びと
成長のある職場だと
思ってもらうためにも、
積極的に抜擢を！

ば、手にするリターンは望む以上のものになるはずです。

今の若い人たちは成長を欲しているので、どんどん大きなリスクを取ってチャレンジさせてみるといいでしょう。

失敗の少ない仕事を任せてばかりでは、成長意欲の高い若手は会社から去ってしまいます。また恐ろしいことに、上司であるあなた自身の成長も、若い人たちは冷静にウォッチしています。

若手の危機感とは、「ここにいたら成長できない」というものです。

自分はもちろん、上司や先輩たちが成長しない会社に未来はあるのだろうか。成長できない会社にいる意味はないので、時間の無駄だと思えばすぐに離職してしまいます。

一方、上司が大きなチャレンジをして成長し続けている姿を見せていれば、部下も「目指したいロールモデル」としてあなたの背中を追い、ともに成長していきたいと望むはずです。

そしてハイリスク・ハイリターンの抜擢をおこなうことで、能力のある若手は会社に残り、さらに大きな成果を上げることでしょう。

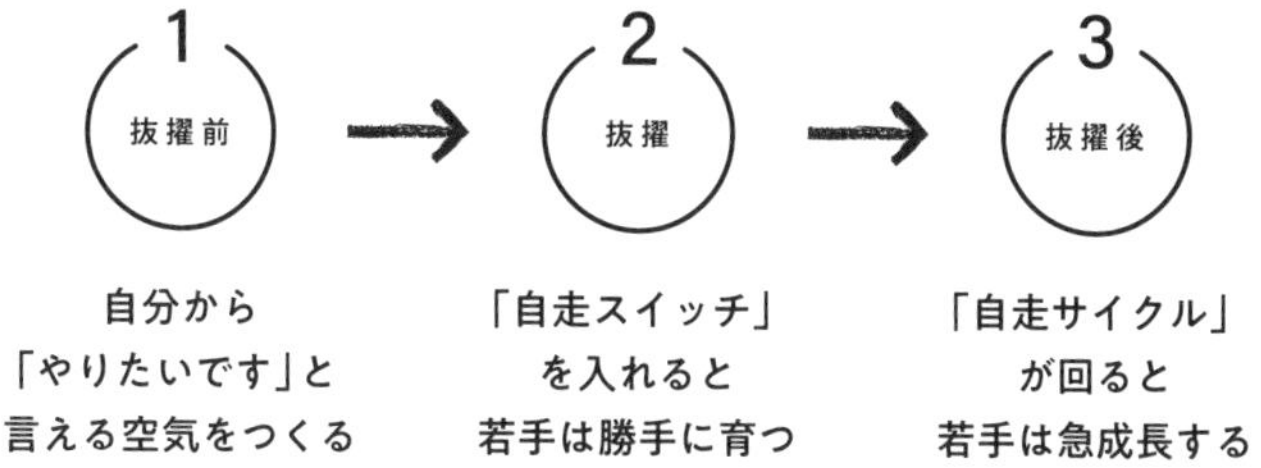
1
抜擢前
自分から
「やりたいです」と
言える空気をつくる
2
抜擢
「自走スイッチ」
を入れると
若手は勝手に育つ
3
抜擢後
「自走サイクル」
が回ると
若手は急成長する

第5章

学習ー課題を見つけて次の抜擢につなげる

面談を通して経験を経験値にして、
明るい未来と「次の抜擢」につなげる

なぜ学習が必要なのか

「自走サイクル」の最後は「学習」です。

学習は、抜擢、決断、失敗から続く流れを受け止める役割を果たすだけでなく、次の新しい抜擢へつなげるための重要なつなぎ役も担っています。


学習でおこなうことは至ってシンプルです。

「自身の得たものを確認する」ことと、**「次の課題を見つけること」**。

第3、4章でお伝えした「決断サイクル」と「失敗サイクル」にも通じるものです。「学習」をおこなうための手法も、いくつか紹介したいと思います。


第4章で再三「失敗はしてもいい」と繰り返したのは、**失敗そのものに得るものがあるか**

らなのと、**学習をおこなうことで次に取り組むべき課題が見つかる**からです。

課題が見つかれば、その解決のための「**次の抜擢**」につなげることができます。

逆にここで課題を見つけられないまま、新しい抜擢をおこなっても、同じことの繰り返しになってしまうおそれがあります。これでは成長も成果も得られません。

課題とは言うまでもなく、**次の新しい抜擢における課題**です。今回の抜擢と決断で、何がよかったのか、どのような失敗をしたのか。そういったことを振り返りながら課題を見つけ出し、それに対応するための準備を進めます。

「言語化」は成長に欠かせないもの

学習するには、何か「教材」のようなものがあると便利です。

実は、抜擢、決断、失敗のステップを丁寧に踏んできた皆さんの中に、たくさんの「教材」のための「材料」があるはずです。

それらを、さまざまなやり方で集めていき、教材にしていくのです。

すでに、第3章の「決断」で、

・週1の「決断の振り返り面談」

第4章の「失敗」では、

・「ねぎらい面談」

といった形で、振り返りの方法を紹介しました。

これらも学習教材と言えます。

この章で紹介したいのは、

- **「失敗経験」の振り返り**
- **1年前の自分への指導**

です。

本書を通じて再三お伝えしていますが、**成長には、自身の経験を言葉にして伝えるという「言語化」という作業が欠かせません。**

自らの経験を次に活かすためには、自己分析をおこなうだけでなく、次の行動につなげることが大切です。

それも、ただ「ああダメだった」と感情的に落ち込むだけでは、成長につながりません。

そこで、面談をおこない、**対話を通じて学習効果を高めることをおすすめします。**

詳しくは後述しますが、**「明るい未来につなげる」**発想を持つことが、「学習」の肝です。

また、**「自らが得た学習」を、周囲の人たちに役立つよう共有できれば、「チーム全体の学習」にもなります。**

例えば、入社1年目の人は、まだ「教材」が足りません。

抜擢・決断・失敗のサイクルをまだそれほど多く回せていないからです。

彼らにとって、**先輩方の「教材」を共有してもらうことは、効率の良い学習法になります。**「教材」はたくさんあればあるほど失敗が減り、より速く成果を上げやすくなるでしょう。

結果として、チームは飛躍的に成長し、**組織にイノベーションを起こしていくので**す。

これが、「学習」の醍醐味であると私は考えます。

「学習」とは

---

1. 言語化 ⟶ 経験を言葉にする
個人の学びになる

2. 共有 ⟶ 組織の「教材」にする
チームの学びになる

自身の経験を言語化し共有することはもちろん、
上司、先輩からの共有も学びがある

面談は「相手の話を9割聞く」でちょうどいい

面談をおこなうときに、特に気をつけてほしいことは、**相手の話を聞き切る**ことです。相手の話は9割聞くくらいでちょうどいいと考え、部下の話にしっかり耳を傾けましょう。

理由は明白です。

「自分で育つ、自走人間をつくる」ことが目的だからです。

上司である自分のほうが経験は豊富だからと、ついアドバイスしたくなってしまう。気持ちはわかりますが、**「学習」の基本は「内省」**です。

そのために上司がおこなうのは、**質問を投げかけることだけ**です。

「今回の失敗で、一番記憶に残ったことはなんですか？」

「クライアントから『納期を1週間早めてほしい』と言われて、すぐに『無理です』と答えてしまったことです」

「なぜそう答えてしまったのですか？」

「これまでクライアントと要件を詰めて、スケジュールに落とし込み、ようやく『これで行ける』と思った矢先の変更だったので、反射的に『無理』と言ってしまったのです。本来なら、『無理』と言う前に『なぜ納期を1週間早める必要があるのですか？』と先方の事情を聞くべきでした。ちゃんと理由を聞いていれば、向こうが望む『8割くらいの仕上がりでとりあえずOK』というゴールはクリアできたはずです。なのに『10割の仕上がりで予定どおり』を目指そうとしてしまい、最終的に決裂してしまったのです」


本人の口から失敗の理由が語られ、「こうすべきだった」という反省もある。

ここまで理解していれば、次に同じ失敗を繰り返す可能性が低いことは、話を聞いただけで十分わかったと思います。

上司が先回りして「先方に理由を確認すべきだったね」などと言う必要はないのです。答えは本人の中に必ずあるからです。

学習とは、自ら答えを導き出す過程そのもの。そこにアドバイスなどいりません。
また、面談では、**本人が素直に自分のことを語ることに意味があります。**
そういう場をつくることが先です。
3つの「ない」がそろうと、人は素直に話ができなくなります。
次のとおりです。

1.「聞かない」上司が話を「聞かない」
2.「場がない」物理的に話す「場（機会）がない」
3.「肯定しない」すべて「否定される（肯定しない）」

上司が陥る3つの「ない」

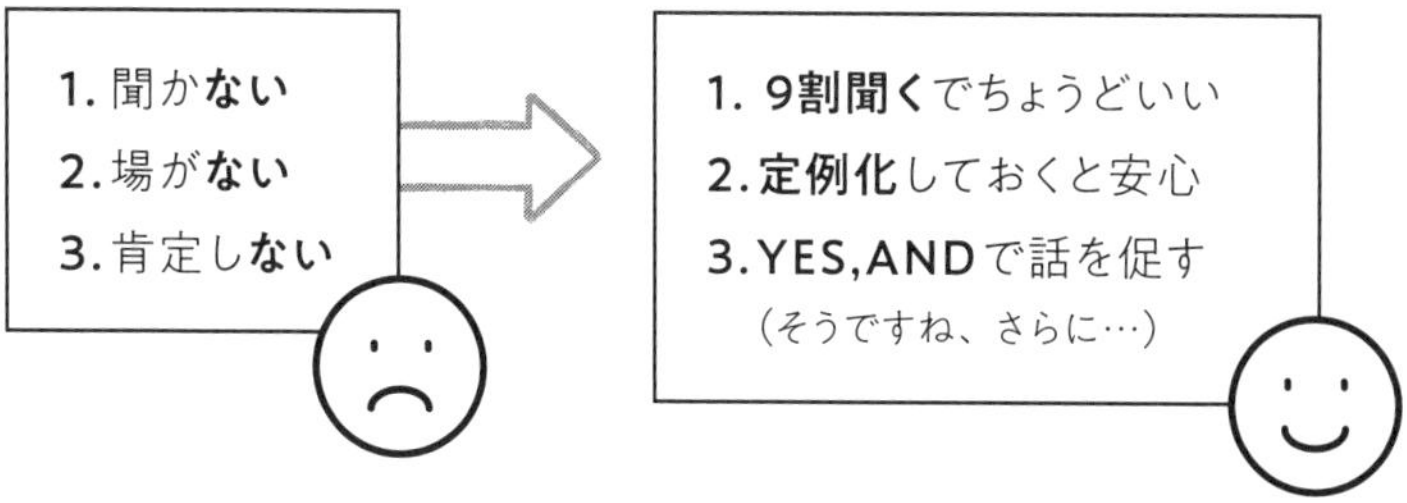
1. 聞かない
2. 場がない
3. 肯定しない
1. 9割聞くでちょうどいい
2. 定例化しておくと安心
3. YES,ANDで話を促す
（そうですね、さらに…）

「聞いてくれる」スタンスが無敵

人を素直にさせるための3つの要素は次のとおりです。

1．「9割聞く」相手の話をとにかく聞く
2．「定例化する」安心して話せる場を提供する
3．「YESから始める」とにかく肯定。否定はその後

この3つがそろってはじめて、相手は「話を聞いてもらった」と実感するのです。

本書で紹介している、ほかの面談についても同様です。

自走してもらうために、聞き役に徹する。常に心がけてください。

話しやすくするための「あいづち」

- □ **そうだったんだ…** ⟶ 驚きと寄り添い
- □ **気持ちはわかるよ** ⟶ 共感
- □ **たしかに、それはあるかもね** ⟶ 同意
- □ **（メンバーの言葉を繰り返す）** ⟶ 傾聴
- □ **詳しく教えて** ⟶ 促し

沈黙が続いたときにはこうした言葉が効果的だが、
基本は聞き役に徹する！

成長を促すパワー質問「経験の意味づけ」

対話を通じて学習効果を高めるための最強ツールが面談です。
上司は相手の話を聞き切ることで、本人の中から答えを引き出していきます。
その際に、絶大な効果を発揮するパワー質問をご紹介します。

例えば失敗を振り返る際に、
成長を促すパワー質問、それは、
「今回の失敗は、Aさんにとって、どんな意味があると思いますか？」

と、**今回の失敗（や経験）の意味を聞く**ことです。

Aさん「今まで独りよがりでやっていたことに気づきました。独りよがりではチームはまとまらないので、ダメだと思いました」

Bさん「ユーザーが真に求めるものは何か、ちゃんと見ていませんでした。プロダクトアウトの発想で、結局、自分たちがやりたいことをやろうとしていただけで、ユーザーと真摯に向き合っていませんでした」

AさんもBさんも「自分本位で仕事を進めていたことが失敗の原因だと気づいた」という大きな学びがありました。

意味づけは、2つの要素で構成されています。

1．結果に対する原因：自分本位では、

成長を促す「経験の意味づけ」

1. 結果に対する原因
自分本位では、仕事はうまくいかないことに気づきました

2. 次にどうすればいいか
周囲の力を借りたり、ユーザーの意見に耳を傾けたりしようと思います

今回の失敗（や経験）の意味づけができれば、
次に活かすための「学び」が得られる

仕事はうまくいかない

2．次にどうすればいいか：周囲の力を借りたり、ユーザーの意見に耳を傾けたりする

意味づけができれば、自然と次に活かすための「学び」が得られます。

失敗に限らず、決断についても、同様の「意味づけ」を問うことは有効です。ぜひやってみてください。

学習の総決算「1年前の自分への指導」

例えば1年前に開発が始まり、満を持して先日スタートしたあるサービスで、思うようにユーザーが集まらなかったとします。

振り返り面談（ねぎらい面談）で、私はこのように質問します。

「今の自分が、1年前に戻るとしたら、何をやりますか？」

「たくさんの先輩に、アドバイスをもらいにいきます」
「ユーザーのことを考える時間を、もっとたくさん取ったと思います」
「チームの仲間の意見を、積極的に聞くようにしたと思います」

経験し、学習して、成長した自分が、タイムマシンに乗って1年前に戻ったら、どのよう

な決断をおこなっただろうか。

このようにタイムマシンに乗って考えることは、二度と同じ失敗を繰り返さないために何をすべきか、次への改善策を考えることであり、次に同じようなことをおこなう際にはどうするのか、未来の経験をシミュレーションすることでもあります。

これこそが、**学習の総決算**です。

タイムマシンに乗っても、また同じじゃないか。

自分の成長を感じることができない。

そんなふうに思っているメンバーがいれば、ビフォー・アフターを比較し、その差分を実感することも必要かもしれません。

学習の総決算、未来の経験をシミュレーションする

1.「今の自分が、1年前に戻るとしたら、どうするか?」と問う

2.経験していなかった1年前の自分と今の自分を比較することで、「自身の成長（変化）」を感じる

タイムマシンに乗って考え、
今の自分が「得たもの」に気づくことが大切

「何も知らなかった、何も学んでいない自分はAとB、どっちを選ぶか→A」
「失敗の経験をした自分は、AとB、どっちを選ぶか→B」

このように**比較することで、「自身の成長（変化）」を感じることができます。**

特に、何か失敗したときは、その結果にとらわれすぎてしまい、**自身の成長や得たものといった「プラス」の側面に目を向けることが難しいもの。**

だからこそ、**タイムマシンに乗って考え、今の自分が「得たもの」に気づく**ことが大切なのです。

良い面談には次の「抜擢」がある

「学習」の助けとして、「面談」は有効であることを、この章では説明してきました。

私が企業の人事担当者の方たちに「面談をしていますか？」と聞くと、ほとんどの方は「しています」と答えます。

「年度末や半期ごとに、評価面談という形で、メンバーと1対1で話す機会を設けています」

「プロジェクトが終わった後には、必ず振り返りの面談をおこなっています」

ところが、「**育成のための面談**をおこなっていますか？」と聞くと、ほぼ9割以上の方が「**やっていません**」と首を横に振ります。

「そもそも、人材育成を意識して面談をしたことがありません」

「はたして、面談で人は成長するのでしょうか？」

こう考える担当者が多いようです。

ただ、ここまでお読みくださった皆さんは、もうおわかりだと思います。

若手は自ら学習することで成長していきます。

面談は、彼らの学習を助ける場として活用できるのです。


本書ではさまざまな面談のやり方を紹介しました。

そこで陥りがちな罠は、**面談で過去ばかり話してしまう**ことです。

例えば面談が30分あったとしたら、

「この半年、何をやってきましたか？」

「先々月はこうで、先月はこうで……」

などと、過去だけを話し、そこから「良かった・悪かった」と評価します。


もちろん、「良かった・悪かった」を見ることは、問題ありません。

けれど、**それ以上に大事なのは、未来を話すこと**です。

この「未来を話す」という視点が完全に抜け落ちてしまっているケースが非常に多く、実にもったいないことになっていると感じています。

明るい未来が見えてくれば、自然と期待感は高まります。

ですので、面談では期待をセットで伝えていく。

あるいは期待がセットになるよう、一緒に未来を考える。

「未来」を話すこと、すなわち「期待」を話すことで、面談は一気に前向きなものになるのです。

人は期待されると、前向きになり、がんばれます。

がんばると、結果を出せるようになり、成長していきます。

このサイクルで、人はどんどん成長していきます。

育て上手な上司は、「期待」を使うのが上手です。

面談の最後で、こんなふうに部下に言います。

「次はこんなことに期待しているよ」

「これらの経験を、次はこんなことに活かしてもらいたい」

プロジェクトが失敗に終わったとしても、

「今回の経験を次のプロジェクトで活かしてほしい」

このように**「未来のあなたが楽しみだ」と明確に「期待」を伝える**のです。

「次は、こんなことに挑戦してみたいです」

「今度こそ、周囲の力を借りて、プロジェクトを成功させたいです」

部下が**自ら宣言**し、

上司が**承認の「いいね！」**を返す。

「言わせて、やらせる。」で面談が終われば、

自走サイクルは回り続けます。

面談では期待をセットで伝えていく

1. 面談では過去の話ばかりしてしまいがち
2. 「次はこんなことに期待しているよ」
「これらの経験を、次はこんなことに活かしてもらいたい」と
未来の話もする
3. プロジェクトが失敗に終わったとしても、
「今回の経験を次のプロジェクトで活かしてほしい。
未来のあなたが楽しみだ」と明確に
未来への「期待」を伝えることが大切

「大化けイメトレ」で未来の活躍を共有する

次の抜擢を考える際に、ぜひやっていただきたいのが「大化けイメトレ」です。

・10年後にどんな人になっているか
・大成功しているとしたらどうなっているか
・世界で有名になっているとしたら、どう紹介されるか

こうした質問を面談で投げかけるのです。

いわば、未来の自分、あるいは部下に期待をかけること。

未来の大きな可能性を、面談を通じて部下と一緒に探るというものです。

この質問は、局長が部長におこなうのも効果的です。

例えば、50人の部下を率いる事業部長との面談。

部長に質問します。

「今、チームで活躍している若手は誰ですか？」

「山田さんと石川さんと久保田さんですかねえ」

さらに質問します。

「その3人の中で一番伸びそうなのは誰ですか？」

「うーん、山田花子さんだと思います」

「なるほど、山田さんですね。彼女がすごく大化けしたら、どのくらいまでいくと思いますか？」

こんなふうに具体的に聞くと、たいていの部長は次のように答えます。

「そうですね、マネジャーには今すぐにでもなれると思いますよ」

悪くはありませんが、「大化け」ではありません。

これは、事業部長が彼女をマネジャーまでしかイメージできていないという言い方もできます。つまり、現時点では、それ以上の彼女の姿をイメージできていない、そういう発想がないのです。

これでは上司である事業部長が、山田花子さんに対し、**未来の大きな抜擢ができません。**

そこで私はさらに問いかけます。

「率直に言って、山田さんはそこまでしかいかないかな？」

実のところ、事業部長は「マネジャーの先」まで考えてくれているもの。

「今すぐにマネジャーまでいけます」という意味で答えただけなのです。

なので、私の「ぶっちゃけ、そこまでかな？」という畳みかけに、

「彼女は、将来的にはこの部署の事業部長になれると思います」とか、

「新規事業を立ち上げて、取材とか受けそうですよね」などと、大化けのイメージを語ってくれます。

この**「大化けのリミッター外し」が肝**で、事業部長は「大化けイメトレ」ができた時点で、山田さんに対する次の抜擢は必ず変わります。

「もっと大きなプロジェクトを任せてみようかな」

「山田さんの可能性を部長である自分が狭めていたのかもしれない。もっと彼女にアイデア

を出してもらおう」

などと、大化けイメトレをおこなうだけで、彼女への見方と行動が変わるのです。

この「どこまで大化けするか」というイメージを持つことは、とても大切です。

「いや、彼女は会社の歴史を変えるかもしれませんね」

といったセリフが出てきたら、それだけで大きな収穫です。

大化けイメトレをやると、その人のキャリアの選択肢が広がります。

問いかけによって、上司も気づく。

上司のマインドセットが変わると、自然と抜擢の方法が変わっていきます。

そう、**「大化けイメトレ」は、当の本人が不在の状態でも、このように部下の成長角度が変わっていくのがすごいところ**なのです。

もちろん、実際に大化けしてほしい部下との面談でも、この「大化けイメトレ」は有効です。

私は、学生の新卒採用面接でこの「大化けイメトレ」をおこなうことがあります。

「あなたの才能が大化けしたら、どういうところまでいけそうですか？」

基本的に、この質問を投げかけるのは、伸びそうな人に対してです。

人事の私から見て、明らかに伸びそうだ。でも、本人の言っていることや狙っていることがどうも小さい。

「まずは学びたいですね」

「入って仕事を覚えたいです」

このように言う学生に対して、

「本当にそれしかできないかな？」

と聞いてみるのです。

相手の可能性に期待しているからこそ、

年に1回の面談で「大化けイメトレ」をおこなう

1. 「10年後にどんな人になっているか」
「大成功しているとしたらどうなっているか」
「世界で有名になっているとしたら、どう紹介されるか」
といった質問を面談で投げかける
2. 「妄想でいい」「変わってもいい」と伝え
安心して発言できるようにする
3. 「本当にそれしかできないかな？」と
大化けのリミッター外しをしてあげる

本人の目線を上げるだけでなく、急成長をもたらす「きっかけ」にもなる

する質問です。

学生は、本人のプライドが邪魔をしていたり、ビッグマウスだと思われたらどうしようと心配したりして、どうしても発言がおとなしくなりがちです。

しかし、**謙虚さと、自分の可能性を大きくとらえることは**別物です。

「早く仕事を覚えて、新たな事業をつくりたいです」

「まだ世の中にない、こんなサービスを提供したいです」

「こんな挑戦をするグループ会社の社長になりたいです」

少しずつ、自分の可能性を口にしていくことで、学生の目線は上がります。

「大化けイメトレ」は**楽しい**ディスカッションの場でもあります。

その人の未来を一緒に語り合うことは、本人の目線を上げるだけでなく、急成長をもたらす「きっかけ」にもなるのです。

例えば、入社2年目くらいの女性社員との面談で「大化けイメトレ」をおこなうときに、こういう答えを耳にすることがあります。

「あなたの才能が大化けしたら、どういうところまでいけそうですか？」

「結婚して子供が生まれても、バリバリ働いていたいです」

そこで私は質問します。

「『バリバリ働く』のイメージをより具体的に言うと、どんな感じですか？」

最初は戸惑う女性がほとんどです。

そこで、

「実際に将来はやりたいことが変わってもいいから、**妄想を教えて**」

と、「好きに話をしていいんだよ」と心理的安全性を高める一言を添えます。

あくまでイメトレなのですから、妄想でいいのです。

すると女性社員は、

「そうですね、事業部長になってチームをまとめていっているイメージですかね」とか、

「子育てをしながら新規事業を立ち上げて、メディアにも取り上げてもらえたらうれしいですよね」

などと、**「バリバリ働く」の解像度を高めることができます。**

優秀な若手が、自分の中にリミッターをつくっていたとしたら、これほどもったいないことはありません。そして、リミッターの理由の大半は、上司や組織の中にも知らずしらずのうちにリミッターがあるから。これを外す作業という意味でも、「大化けイメトレ」は効果的なのです。

年に1回の面談などで、「大化けイメトレ」をおこなってみてください。

面談をおこなうだけで、部下の急成長とその後の大活躍を促すことができます。

未来の抜擢をより大きなものにするためにも、ぜひともやってみましょう。

彼らの大化けする姿を一緒にイメージして、「それはいいね！」と肯定することもお忘れなく。

高い目線を持ち目標をスケールアップする

先ほどの「大化けイメトレ」をおこなう狙いとして、**上司や本人の目線を上げる**ことがあります。

目線を上げるというのは、視座を高く持つ、志を高くといった意味合いの言葉です。

社長の藤田は「**目線は放っておくと下がるもの**」とよく話しています。

社会人1年目の人たち（毎年約90万人といわれる）の間では、1年間で〝**目線下げ下げ競争**〟が起きています。

・5月病で仕事がなんとなく面倒
・先輩や上司がイヤだ
・毎日の業務がつまらない

・学生時代の友達も、みんな辞めたいと言っている
こんなふうに、新入社員同士で目線を下げ合ってしまうのです。

就活では「こんなことに挑戦したい」と明るい表情で未来を語っていたのに、たった1年でどうして目線が下がってしまうのでしょうか。

そもそも、社会人1年生を含め、**目線が下がっている人は、そのことに気づいていないことがほとんど**です。

しかし、就活をしている学生だけは気づいています。

例えばOBOG訪問で、学生時代に部活ですごく活躍していた憧れの先輩に久しぶりに会ったけれども、つまらなそうに仕事をしている姿を見て「私はそういう働き方はしたくない」と失望したりするケースです。

これは社会人1年生のせいではありません。

先ほどの藤田の「目線は放っておくと下がるもの」という言葉のとおり、組織風土がそうさせてしまっているのです。責任は私たちにあります。

職場でグチを言い続けたら、どんな人も不満ばかり言う人になってしまいます。

放っておくと目線が下がるというのは、そういうことです。

そこで藤田は**「ポジティブをマジョリティにしよう」**とも話しています。

「全員がポジティブ」はさすがに気持ち悪いけれど、目線の高い人が大多数の組織にしていこう。

そのためには、**会社が未来に向いていないと目線は上がりません。**

だから**未来志向で話をすることで、常に目線を上げていこう**、黙っていれば下がる一方なので、下げないようにしていこう、ということなのです。

それゆえサイバーエージェントは「目線

ポジティブをマジョリティにする

1. 目線は放っておくと下がるもの
2. だから未来志向で話をすることで、常に目線を上げていく
3. 目線を上げるためには、目線の高い人と付き合うか
リーダー・経営者の本を読む
4. 目標をスケールアップする
**リーダーが未来を語り、メンバーの目線を上げ、
チーム全員の明るい未来につながるような
スケールアップした目標を立てる**

の高い人をマジョリティにしよう」と言っているのです。

不満は「過去の話」ですが、その「不満」を「課題」に変え、課題解決するにはどうすればいいかと考えると「未来の話」に変わります。

このように、普段から未来を語れる人になることで、目線を高く持つことができます。

先ほどの「大化けイメトレ」も、**未来を語る習慣**の一つとして有効です。

ほかにも**目線を上げる方法は、目線の高い人と付き合い続けること**です。

目線の高い人を見つけて、その人たちをロールモデルにするのです。ロールモデルの人たちと直接付き合うことがベストですが、付き合う機会がなくても、その人たちの考え方や行動を観察し、良い部分を取り入れていくことはできるでしょう。

ロールモデルがいないのであれば、本などから探すのもいいでしょう。一般社員の人が**リーダーや経営者の本を読むのは、目線を上げるために大変効果的**です。

目線を上げることと同じく大切なのが、**目標をスケールアップすること**です。

ただ高い目標を掲げるのではなく、良い目標を立てることがポイント。ちなみに、

良い目標とは本人が自走するもの

です。上司があれこれ言わずとも、本人が自ら「やりたい」と思い、ワクワクして挑戦できる目標を立てられるよう、次のような質問をしてみましょう。

「その目標は、明るい未来につながっていますか？」

「目標金額は1億円」だとして、その先にある自分の成長、お客様の成功、仲間の喜ぶ姿が見えるのであれば、1億円はその人にとって、決して高すぎる目標ではないはずです。

私はよく**「他の人に話したくなる目標は、達成したも同然」**とお話ししています。

ワクワクするというのは自分だけでなく周囲の人たちも同様で、彼らからの賛同や応援も得られるような目標であればあるほど、達成率は高まります。

「この事業が成功したら、○○業界全体が大きく変わる」
「私たちのチームが、会社の牽引役になるかもしれない」
「この部署が、会社にとって新しい柱になる」

とりわけリモートワークでチームのベクトル合わせが難しくなっています。

そういうときこそ、みんなの明るい未来につながる**組織目標**が重要な役割を果たします。

リーダーが未来を語り、メンバーの目線を上げ、チーム全員の明るい未来につながるスケールアップした目標を立てる。

そのことでチーム全体が自走し、より大きな目標に向けて走り出すことができたら、人だけでなく組織全体も急成長していきます。

「抜擢カルチャー」を社内に浸透させる

サイバーエージェントの役員会では、最近「ポスト・チョイス・ドゥ」について話をすることが多くなりました。

これはまさに「抜擢する場所」をつくるという発想からきていて、伸びるポストをみんなで探して、そこにもっと人を充てたらいいんじゃないかといった議論をしていくというものです。私たちは「ポスチョイ」という言い方をしています。

「はじめに」で、私は**人材育成の目的を「成果を上げるため」と明言**しました。

もっと言えば、次のような方程式で人材育成を考えています。

本人の強み×伸びる仕事＝大きな成果

「ポスチョイ」はまさにこの方程式をもとに、人と場所を当てはめていくものです。

例えば、スタートアップ（子会社）を4人で立ち上げたけれど、経営管理ができるナンバー2がいたほうがいいんじゃないかなど、**ポスト（抜擢場所）をまず考えて、そこに人材をチョイスして、異動（ドゥ）させていくという考え方**です。

ポジションありきで、人をリストアップして、動かしていく。

これが「ポスチョイ」の肝です。

なぜなら、人ありきで抜擢を考えすぎてしまうと、どうしても、「（今ある）伸びないポストに人を充ててしまう」というリスクがあるからです。

私たちは「抜擢は足りているか」を常に気にしていますが、人の成長だけに気を取られてしまうと、会社の成長・成果がおろそかになってしまうおそれもあります。それでは本末転倒なので、とにかく経営インパクトのあるポジションはどこか、サイバーエージェントにとって重要なポジションはどこかという視点で抜擢をおこなうのが「ポスチョイ」です。

通常の抜擢は、それぞれの部門の現場で実施していくことが多いのですが、そうではなく、**経営視点で「会社として必要な人材を抜擢する」**という意味合いが大きく、そういう意味ではダイナミックな「大抜擢」とも言えるでしょう。

まだ始まったばかりの「ポスチョイ」ですが、すでに成果も出てきています。

ある程度重要なポジションで仕事をしている人、例えば子会社社長などの中には、実はまだまだ余力がある、という人が埋もれていることがあります。

そういう人には早く後進を育ててバトンタッチしてもらい、より大きなステージに抜擢する。そうすることで優秀な人材がさらに成長し、より大きな成果を上げる。

「抜擢」が組織に活力を与え、人材育成の可能性をさらに高め、経営にも「大きな成果」という形でインパクトを与えるものであると、強く実感しています。

また、「ポスチョイ」とは逆に、最近私は**「抜擢カルチャー」**という言葉もよく使っています。

「抜擢」を全社員に浸透させたい、「言わせて、やらせる。」を個々人でも実践してほしいという願いから、「抜擢のしくみ」ではなく、あえて「抜擢カルチャー」という言い方をして、普段から自然と誰もが取り入れていくものとして話しています。

例えば、入社2年目のAさんが、新入社員Bさんのトレーナーになる。

これはよくあることだと思います。

トレーナーAさんが「新入社員のBさんに何の業務を任せようか」と考えるのも、立派な

「抜擢」です。

このように、**若手が若手を抜擢することもあって当然**。「言わせて、やらせる。」が社内はもちろんですが、日本中の企業に浸透していくことを、強く願っています。

最後までお読みくださり、ありがとうございます。

「言わせて、やらせる。」

「抜擢する」

こうした言葉が皆さんの「日常語」になれば、これほどの喜びはありません。

勉強会、
研修、
自己学習に
使える！

【巻末特典】

『若手育成の教科書』まとめ&ワークシート

この本でお伝えしたことを巻末にまとめました。
ぜひご活用ください。

若手育成において一番大切なことは何か

若手育成で最も大切なことは、自信を持たせること

若手の「成長したいんです」という言葉は、「自信がほしいんです」というメッセージ。

責任感が強くまじめな若手ほど「失敗して上司やチームに迷惑をかけたらどうしよう」と慎重になり、受け身な姿勢に見えてしまう。自信があれば迷わず主体的に行動できる。「具体的にどういう自信を得たいか」は人それぞれだが、「自分という人間に自信を持ちたい」点は、共通している。

若手育成で一番大切なのは、
「『成長実感』という根拠のある自信をつけさせること」

自信とは、誰かが与えて実感できるものではない。自分で考え行動して得た経験を通してのみ、人は成長を実感できる。「成長実感」という根拠のある自信をつけさせるために企業ができる手助けは、「若手が自分で成長できる『自走環境』を整えること」だ。

抜擢→自走の順番で「人が育つ」

「自分」で「走っていける」環境をつくる。自走環境こそが「人が育つ」しくみであり、抜擢→自走の順番で人は育つ。企業側が教えたり育てたりする（育てるスタンス）のではなく、若手が自力で「育つ」スタンス。自走環境があれば、若手にもどんどん仕事を任せる（抜擢する）ことができる。

若手が勝手に育つ「自走サイクル」

若手が育つしくみ「自走サイクル」を理解する

1. 抜擢　期待をかけられることで、「自走スイッチ」がONになる

2. 決断　覚悟を決める。意思決定によって、自らの「決断経験」を増やしていく

3. 失敗　成長において欠かせないもの。必要不可欠なプロセスと理解する

4. 学習　失敗を次の経験に活かすための内省。次のステージのための準備をする

この4つのサイクルを高速回転させることで若手は急成長する。

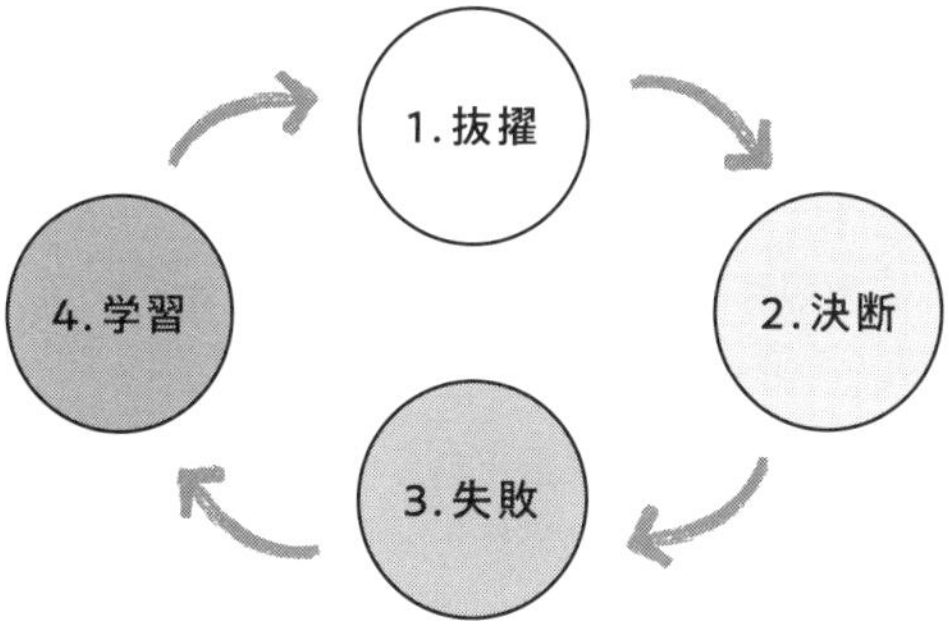

基本ルールは「言わせて、やらせる。」

若手が育つしくみの基本ルールは「言わせて、やらせる。」

　まずは部下から意思表明の言葉を引き出した（言わせて）後に、今度は上司がきちんと言葉で承認する（やらせる）。「抜擢」とは、この「言わせて、やらせる。」を実践すること。

言わせて、やらせる。

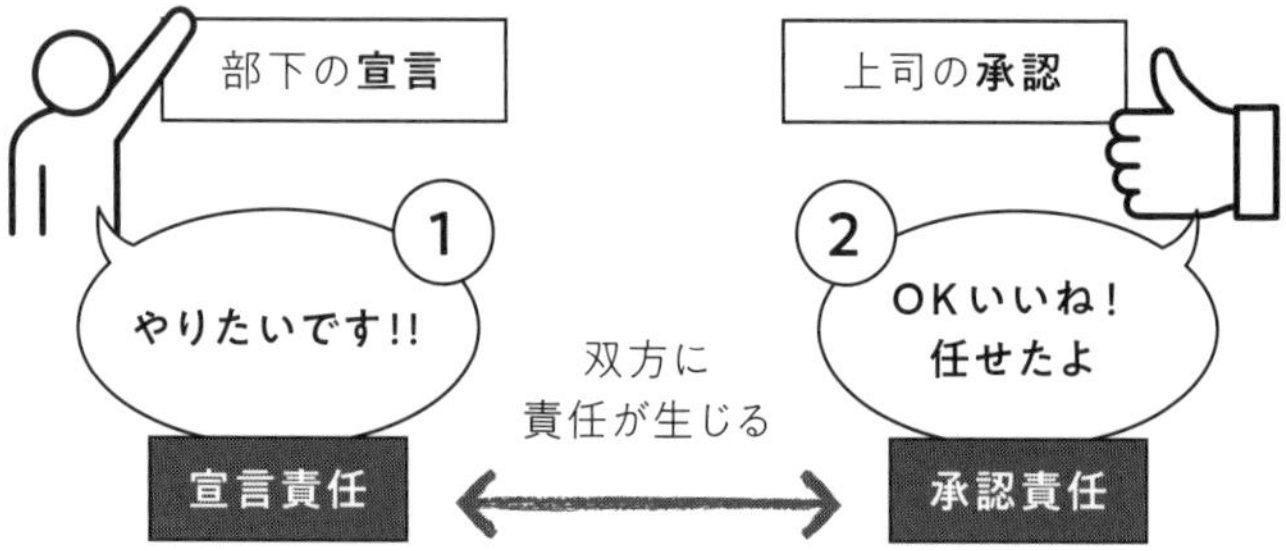

たったこの2アクションで若手は勝手に育っていく！

気づきメモ

受け身社員脱却の第一歩

普段から「自分の言葉で話させる」

自分で「やりたいです」と手をあげる（主体的に動く）ためには、自分の意見を言う、自ら発言する（主体的に話す）習慣が不可欠である。

「インプット→アウトプット会話」をおこなう

自分の頭で考える習慣をつけるために、自分の言葉で話す機会を上司が意識的につくる。やり方は簡単、「Aだよね」と言ったことを、部下にもう一度言ってもらう。ただこれだけ。人から聞いた話を、自分の脳みそで考え、相手に伝わるよう言葉を編集するという行為が大事。

自分で考え、自分で動くようになり、急成長する！

マイクロマネジメントで部下は「面倒だ」「何もしたくない」と
より受け身になってしまう

自分の言葉で話させるための質問をする

リストを参考にし、部下に自分の言葉で話させるよう投げかけることを意識する。

インプット説明	アウトプット質問
仕事のやり方を説明する	「どういうふうに受け止めている？」
仕事のやり方を説明する	「どういうふうに解釈した？」
仕事のやり方を説明する	「誰かにそれをやってもらうとしたら、どう説明する？」
仕事の大事なポイントを伝える	「何を意識してやろうと思った？」
仕事の目的を伝える	「この仕事は何のためにやるんだっけ？」
仕事の目的を伝える	「この仕事はどこまでやればゴールだと考えてる？」
優先順位を決める	「次は何をすればいいと思った？」
優先順位を決める	「まずは何から着手しようと思ってる？」
報連相のタイミングを決める	「次の報告はいつをイメージしてる？」
不明・不安な点を確認する	「○○（懸念点）について、どうしようと考えてる？」
不明・不安な点を確認する	「○○（不明点となりそうなところ）について、誰かに説明するとしたら、なんて伝えるとわかりやすいと思う？」
一人で抱え込まないよう注意する	「この部分について、誰のサポートがあるといいと思う？」
スケジュールを確認する	「いつまでにできそうだと思う？　見通しを教えて」
スケジュールを確認する	「今週の予定を教えて」

職場に「手をあげやすい環境」をつくる

「やりたいです」と言える空気づくり

若手が手をあげやすい環境づくりが重要。日々のコミュニケーション

を意識的にポジティブなものにするのがポイントだ。部下の心理的安全性の観点から、上司が積極的に自分の失敗を話すのは非常に有効。

手をあげにくい環境		手をあげやすい環境
このような職場だったら要注意です！		日常的にできているか、チェックしてみましょう
□「そういうことじゃなくて」などと、上司の発言に否定形が多い	→	□「いいね！」「おもしろそうだね！」等、肯定的なリアクションが多い
□ 職場が静か。上司がいつも不機嫌あるいは忙しそうでメールやメッセンジャー以外のコミュニケーションは許されない雰囲気	→	□ 職場や上司に笑顔がある。雑談ができる（くだらないことも言える雰囲気）。メールやメッセンジャーが盛り上がることも
□ 上司から部下に話しかけることはあっても、逆はほとんどない	→	□ 仕事中、他の人に気軽に声をかけやすい。オンラインでも気軽にコミュニケーションをとれる
□ 失敗やミスは叱られる。しかも周囲に聞こえるところで叱られる	→	□ 上司→部下だけでなく、部下→上司に話しかけることが多い（次に同じことが起きたらどうするか、早く気づいてよかった等）
□ 上司が部下に無関心、あるいは興味がない	→	□ 上司が部下のことをよく見ている。仕事内容や性格なども把握している
□ 上司からほめられたことがない。他の人をほめているのも見たことがない	→	□ 上司がよくほめる。他の人へのほめ言葉も耳にする

抜擢とは「期待をかける」こと

人は期待で急成長する

「抜擢」とは、言い換えると未来志向で、「期待をかけること」。日常的に部下に期待をかけているか。

「やらせてみたら、想像以上にうまくいった」「やらせてみたら、できた」を、組織の習慣として日々回していくことが若手育成には欠かせない。その一歩目にあたるのが「抜擢」だ。

正しいやり方で抜擢する

期待をかけて、言わせて、やらせる。これが正しい「抜擢」だ。以下の抜擢の3ステップを押さえよう。

期待をかけて、言わせて、やらせる。

① **期待**を伝える：「期待をかけている」ことを相手に示す
② **宣言**させる：本人が「やります！」と意思表明する
③ **承認**する：「OK、任せます！」と承認し、応援する

メンバーを抜擢する

メンバー	キャリア	抜擢内容／抜擢するとしたら？	期日（いつまでに）	気づき

気づきメモ

メンバーから「やりたいです」を引き出す

自ら「やりたいです！」「やります！」と言えるようにする3つの要素

本人が自らコミットし、自分で成長していくためには、以下の3つは欠かせない。

1.意味づけ「この仕事には意味がある」

2.抜擢セリフ「自分は期待をかけられている」

3.信頼残高あり「手をあげても大丈夫だ」

仕事の意味づけを上司がサポートする

若手自身が仕事の意味を理解すれば「自分ごと」として取り組める。具体的には「なぜこの仕事が必要なのか」「若手にとってのメリット」「組織やチームにとってのメリット」を伝えるといい。

「抜擢セリフ」づくりの3つのヒント

「抜擢セリフ」で抜擢の成否が決まる。手短に、シンプルに、自分が言われてうれしいことを伝えよう。

1.「期待」そのものを明言する

2.責任の大きさを述べる。間接的に「期待」を伝える

3.高い目線をリクエストする。向かうべき方向、ベクトルを示す

誰を抜擢？（orポジション・年数）	抜擢内容	伝えるセリフと想定できる反応

「信頼残高」を貯めるために、ほめる

3つの切り口でほめゼリフをつくる

1.発言の何が良いのか

「会議でのあの発言、全社視点で良かったよ」

2.行動の何が良いのか

「早い報告だったから、軌道修正が早くできた。ありがとう」

3.考え方の何が良いのか

「複数の案を持ってきたのは、とても素晴らしいね」

いいところを見つけたら、その場でほめる

普段からメンバーを観察し、ほめるべき点を収集しておく。以下のリスト（メンバーへのほめ記録）も活用しよう。

番号	いつ	誰に	どうほめたのか・ほめるのか	直接or第三者を通じて？

気づきメモ

誰を抜擢すればいいか

抜擢する人を決める

期待をかけて、言わせて、やらせる。これは日常業務でもできることなので、最終的には全員抜擢する。優先順位をつけるとすれば以下の人たちから抜擢しよう。

□やる気のある人

□実績のある人

□入社２年目

□人望のある人

また、以下のメンバーは「抜擢漏れ」が生じやすいので注意する。

□入社したばかりのメンバー

□異動でやってきたメンバー

「責任者宣言」で全員抜擢する

部署やチームの課題・困っている、あるいは目標達成のために必要な要素に対し、「責任者」という言葉をつけて、任せる。これなら全員抜擢できる。例えば以下のような仕事を任せる。

□スケジュール作成と進捗管理

□ミーティングや会議の議事録作成

□メンバーへのヒアリングとまとめ

□データ分析、分析結果のシェア

□社内勉強会のレポート

□新聞記事やWeb記事のリンクを共有

目標未達の人を抜擢する２つの方法

「やることを小さくして」、なおかつ「チーム貢献ができる」ものを任せる。

1. 目標を**「一口サイズ」**にする
2. 個人から組織へ、貢献のベクトルを変える**（チーム貢献）**

「決断経験」で若手は大きく成長する

抜擢した若手の、決断の量とスピードを増やす

仕事とは決断の連続。決断経験の差が、個人の成果と成長に大きな差を生むので、若手の決断の量とスピードを増やしていく。「決断サイクル」を回せば、おのずと決断の質は上がる。

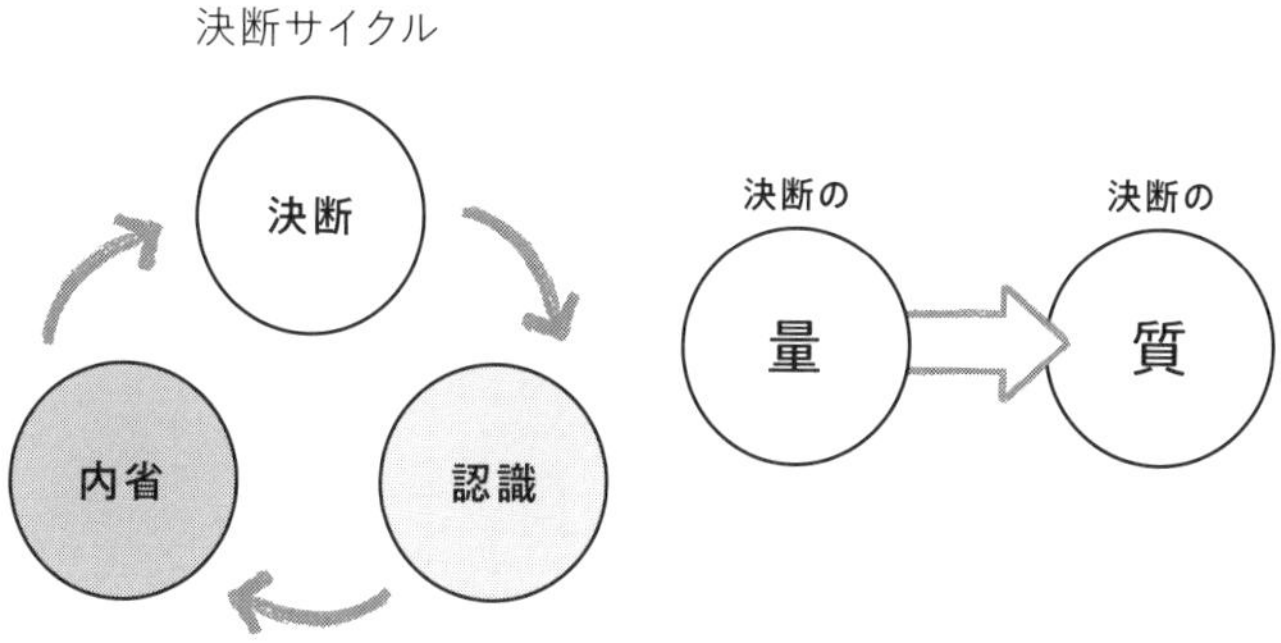

「決断サイクル」を回す回数が増えるほど、決断は良質になっていく

決断経験の研修をおこなう

研修やワークショップ、社内勉強会などを、若手育成のサポートツールとして活用しよう。

□ 自分の決断経験を可視化・言語化し、他人と共有する
□ 同じ段階で悩み苦しむ仲間と一緒に、問題や解決方法を探っていく。

こうしたことによって、「認識」と「内省」が深まる。

以下のテーマでグループワークをおこなう。

・成果を出す人は何がすごいか？

①成果を出している管理職の名前をあげる

②その人は何がすごいのか

③その人は普段、何をしているか

・自分の成果を出す方法は？

①やっていることをリストアップする

②リストのうち、自分しかやっていないことは

③リストのうち、メンバーとやっていることは

気づきメモ

週1の「振り返り面談」で内省を強化

若手が決断経験をしっかり積み上げているか、週1の面談で確認する

金曜日（週末）に、下の「決断経験の振り返りリスト」を用いて「今週は具体的にどのような決断をおこなったのか」をメンバーが自分で書き出す。そして、週明け月曜日の朝などに、そのリストを元に面談をおこなう。

番号	【決断】いつ	何があったか	【認識】どのような決断をしたか	【内省】課題と次にするべき決断

「もし決断していなかったら」と考え、内省する

「決断経験の内省掘り下げワーク」をおこなうことで、メンバーの成長と課題がよりクリアになる。

気づきメモ

失敗がなければ成長もない

「失敗は成長のために必要なもの」という共通認識を持つ

失敗は成功するために不可欠な要素だと理解し、メンバーともこの認識を共有する。

「失敗サイクル」を回して、経験を「経験値」に高める

失敗から学びを得た人間は確実に成長する。「失敗→認識→内省」という「失敗サイクル」を回すことで、失敗経験を「経験値」に格上げできる。

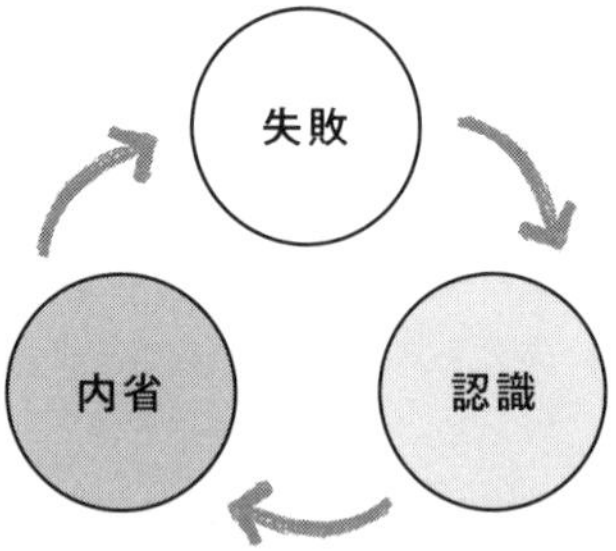

「経験」を「経験値」に高め、
成長につなげていく！

気づきメモ

失敗経験という貴重な「財産」

失敗したケーススタディを残し、共有する

ただ単にケーススタディとして失敗経験を共有するだけではなく、若手のメンタルブロックを解くという点でも、失敗経験をシェアすることには意味がある。以下の失敗経験ネタを参考にして共有しよう。

- □ **新入社員時代のやらかし**
  共感、誰もが通る道
- □ **プライドが邪魔して失敗した話**
  自分もそうかもという気づきが得られる
- □ **成功したプロジェクトの最大の危機**
  成功と失敗はセットの好例
- □ **仕事における「最大の失敗」**
  それでも今がある。学びがある

失敗者を「ねぎらい面談」でねぎらう

面談のポイントは、学んだことや得たことなど、ポジティブな話から聞くこと。ポジティブとセットだと、失敗も話しやすくなる。失敗を受け入れ、失敗から学びを得た若手は、次に成功する確率が高い。

「ねぎらい面談」のやり方は以下のとおり。

1. 「お疲れ様でした」と**ねぎらいの言葉**をかける
2. 「チャレンジしてくれて本当にありがとう」と、**チャレンジしたことへの感謝**を伝える
3. 良かったこと、得た学びは何か（**ポジティブな経験**の振り返り）
4. 逆に、壁にぶつかった原因はどのあたりだったか（**失敗の分析**）

5. 次に、このプロジェクトをやるとしたらどうするか（**改善点の洗い出し**）
6. 今後どうしていきたいか、あるいは 7. 今後のキャリアについて（**未来**を確認）

学習することで次の課題が見つかる

対話を通じて学習効果を高める

成長には、自身の経験を言葉にして伝える「言語化」という作業が欠かせない。面談をおこない、対話を通じて学習効果を高めよう。また、「自らが得た学習」を、周囲の人たちに共有できれば、「チーム全体の学習」にもなる。先輩方の「教材」を共有できれば、若手は効率のよい学習ができる。

面談ではアドバイスをせず、聞いて、質問するだけ

「学習」の基本は「内省」なので、マネジャーである自分のほうが経験は豊富だからと、アドバイスするのはNG。本人が言語化できるよう、質問を投げかけるだけでいい。

素直に話ができるよう、3つの点に気を配る

自走してもらうために、以下を心がけたい。

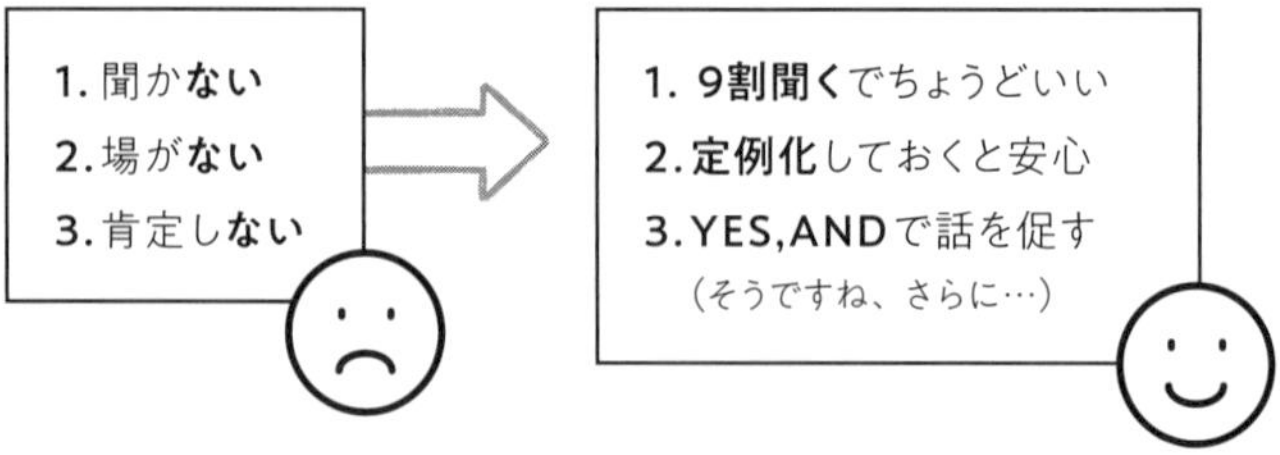
1. 聞かない
2. 場がない
3. 肯定しない
1. 9割聞くでちょうどいい
2. 定例化しておくと安心
3. YES,ANDで話を促す
（そうですね、さらに…）

話しやすくするために、「あいづち」を打つ

基本は聞き役に徹するが、沈黙が続いたときにはこうした言葉をかけよう。

- □ **そうだったんだ…** ⟶ 驚きと寄り添い
- □ **気持ちはわかるよ** ⟶ 共感
- □ **たしかに、それはあるかもね** ⟶ 同意
- □ **（メンバーの言葉を繰り返す）** ⟶ 傾聴
- □ **詳しく教えて** ⟶ 促し

成長を促す「経験の意味づけ」

失敗などを振り返る際に、「今回の失敗は、Aさんにとって、どんな意味があると思いますか？」と、今回の失敗（や経験）の意味を聞くことは非常に効果的。意味づけは以下の2つで構成される。

1. 結果に対する原因
自分本位では、仕事はうまくいかないことに気づきました

2. 次にどうすればいいか
周囲の力を借りたり、ユーザーの意見に耳を傾けたりしようと思います

今回の失敗（や経験）の意味づけができれば、
次に活かすための「学び」が得られる

学習の総決算をおこなう

面談では、今の自分が「得たもの」に気づくことが大切。そのために、タイムマシンに乗って考えるような以下の質問をおこなおう。

1.「今の自分が、1年前に戻るとしたら、どうするか？」
と問う

2.経験していなかった1年前の自分と
今の自分を比較することで、
「自身の成長（変化）」を感じる

タイムマシンに乗って考え、
今の自分が「得たもの」に気づくことが大切

気づきメモ

育成のための面談

面談では未来のことも話す

過去だけを話し、そこから「良かった・悪かった」と評価するだけではなく、未来への期待をセットで伝えていく。あるいは面談で一緒に未来を考える。

1. 面談では過去の話ばかりしてしまいがち
2. 「次はこんなことに期待しているよ」
「これらの経験を、次はこんなことに活かしてもらいたい」と
未来の話もする
3. プロジェクトが失敗に終わったとしても、
「今回の経験を次のプロジェクトで活かしてほしい。
未来のあなたが楽しみだ」と明確に
未来への「期待」を伝えることが大切

「大化けイメトレ」で未来の活躍を共有する

次の抜擢を考える際に、ぜひやってほしいのが年に1回の面談での「大化けイメトレ」。

やり方は以下のとおり。未来の大きな可能性を、面談を通じてメンバーと一緒に探ろう。

1.「10年後にどんな人になっているか」
「大成功しているとしたらどうなっているか」
「世界で有名になっているとしたら、どう紹介されるか」
といった質問を面談で投げかける

2.「妄想でいい」「変わってもいい」と伝え
安心して発言できるようにする

3.「本当にそれしかできないかな？」と
大化けのリミッター外しをしてあげる

本人の目線を上げるだけでなく、急成長をもたらす「きっかけ」にもなる

気づきメモ

気づきメモ

気づきメモ

気づきメモ

［著者］

曽山哲人（そやま・てつひと）

株式会社サイバーエージェント　常務執行役員CHO

1974年神奈川県横浜市生まれ。上智大学文学部英文学科卒業。1998年伊勢丹に入社、紳士服部門配属とともに通販サイト立ち上げに参加。1999年、社員数が20人程度だったサイバーエージェントにインターネット広告の営業担当として入社し、後に営業部門統括に就任。2005年に人事本部設立とともに人事本部長に就任。2008年から取締役を6年務め、2014年より執行役員、2016年から取締役に再任。2020年より現職。著書は『強みを活かす』（PHPビジネス新書）、『サイバーエージェント流 成長するしかけ』（日本実業出版社）、『クリエイティブ人事』（光文社新書、共著）等。ビジネス系ユーチューバー「ソヤマン」として情報発信もしている。

2005年の人事本部長就任より10年で20以上の新しい人事制度や仕組みを導入、のべ3000人以上の採用に関わり、300人以上の管理職育成に携わる。毎年1000人の社員とリアルおよびリモートでの交流をおこない、10年で3500人以上の学生とマンツーマンで対話するなど、若手との接点も多い。

若手の抜擢に力を入れているサイバーエージェントでは、20～30代でグループ会社の社長に就任した社員は46人、うち20代での社長就任は25人（2019年1月末時点、孫会社を除く子会社56社中）。20代の管理職は100人以上（2020年9月末時点）。「20代の成長環境」がある企業ランキングでは4位（2020年、エン・ジャパン調査）に選ばれる。

若手育成の教科書

2021年11月30日　第1刷発行
2021年12月20日　第2刷発行

著　者――――曽山哲人
発行所――――ダイヤモンド社
〒150-8409　東京都渋谷区神宮前6-12-17
https://www.diamond.co.jp/
電話／03･5778･7233（編集）　03･5778･7240（販売）

装丁・本文デザイン―都井美穂子
本文DTP　―――桜井 淳
校正――――――鷗来堂
製作進行――――ダイヤモンド・グラフィック社
印刷・製本―――勇進印刷
編集担当――――和田史子

ISBN 978-4-478-10477-4